LETTRE À CEUX QUI ONT TUÉ MA FEMME ET MON FILS

Jean Vuarnet

LETTRE À CEUX QUI ONT TUÉ MA FEMME ET MON FILS

FIXOT

ISBN 2-221-08301-6

Alain et Pierre se joignent à moi pour dédier ce livre à toutes les victimes de l'Ordre du Temple solaire, avec une pensée particulière pour la petite Tania. Nous le dédions aussi à tous ceux qui aujourd'hui encore souffrent des activités maléfiques des sectes.

J'ai voulu, en exposant dans cet ouvrage ma vie intime, chercher moi-même à comprendre et informer les lecteurs : cela peut arriver à n'importe qui, de quelque milieu social et culturel soit-il.

Mon but est d'alerter le public sur ce danger sournois afin qu'il puisse ensuite exprimer sa volonté farouche d'en être protégé.

JEAN VUARNET

Ils ont glissé quand il fallait tenir bon...
La vie continue et va toujours de l'avant...

(Alain et Pierre Vuarnet,
cérémonie religieuse du
samedi 6 janvier 1996)

Avertissement de l'éditeur

Le 23 décembre 1995, Édith et Patrick Vuarnet, la femme et le troisième fils de l'ancien champion de ski, ont été retrouvés morts dans la clairière du Puits-de-l'enfer, dans le Vercors, avec quatorze autres adeptes de la secte appelée l'Ordre du Temple solaire.

Dans ce livre, Jean Vuarnet raconte l'histoire de leur famille, pour tenter de comprendre comment sa femme et son fils ont pu se laisser entraîner dans cette secte. Il a souhaité que ses deux autres fils, Alain et Pierre Vuarnet, puissent donner leur propre vision des événements. Leurs interventions apparaissent *en italique* dans le texte.

1

Seize morts dans le Vercors

Demain, c'est Noël. Nous sommes le samedi 23 décembre 1995. Il n'est pas loin de 10 heures. D'habitude je me lève tôt, mais là, je n'ai pas encore quitté ma chambre. Je suis allongé en travers du lit, un roman policier entre les mains. Je ne me souviens ni du titre ni du nom de l'auteur. De toute façon, l'histoire ne m'intéresse pas. Je tourne les pages. J'ai la tête vide. Cela fait maintenant une semaine qu'Édith et Patrick ont disparu. L'attente est devenue insupportable. D'une manière ou d'une autre, il faut que ça cesse.

Quelqu'un vient de frapper à la porte. C'est Alain, mon fils aîné. Je me redresse. Il a l'air surpris de me voir éveillé. Il pensait que je dormais. Plus tard, il m'avouera qu'il connaissait la nouvelle depuis une bonne heure et que, cette heure-là, il n'avait pas voulu me la voler.

Alain s'est assis au bord du lit. D'abord, il ne dit rien. Je sais qu'il a longuement réfléchi à la façon dont il allait me parler. Ses mots sont crus mais aussi pleins de tendresse. À sa place, j'aurais sans doute choisi les mêmes.

« Écoute, papa. » Sa main se pose sur mon épaule, son regard s'enfonce en moi. « Écoute, papa. Ils ont fait les cons... La police vient d'annoncer qu'on avait retrouvé seize victimes dans le Vercors. »

Voilà, tout est fini. Je me lève, mes pas me guident vers la cuisine. J'ai envie d'un café. Demain, nous réveillonnerons en famille, les petits riront en ouvrant leurs cadeaux. Et je rirai avec eux : c'est juré, ils ne sauront rien. Demain, c'est Noël.

Alain. *Lorsque j'ai appris la nouvelle par Michèle, ma belle-mère, j'ai réuni toute la famille de Véronique, ma femme. Avant de prévenir papa, nous avons scellé le pacte suivant : pas de plainte, pas de cri, pas de larme. On essaierait tous de donner le change, d'être aussi courageux que mon père le serait, car, là-dessus, je n'avais aucun doute. Les jours qui ont suivi, il m'est arrivé d'avoir envie de pleurer. Dans ces moments-là, je me suis isolé, j'ai pleuré en cachette, et papa n'en a rien su. C'est idiot, mais je crois que nous avons su nous prouver que nous étions des hommes.*

Être fort, encore et toujours. C'est dans ma nature, je n'y peux rien. J'ai beau chercher dans ma mémoire, égrener les moments les plus douloureux de mon existence, je ne me souviens pas d'avoir craqué. À l'automne 1994, quelques jours après la découverte des cinquante-trois victimes de l'Ordre du Temple solaire, j'ai appris qu'Édith, ma femme, et Patrick, le plus jeune de mes fils, faisaient eux aussi partie de la secte. Jusque-là je n'en savais rien. J'avais quelques doutes, bien sûr. Je connaissais leurs penchants pour l'ésotérisme, la macrobiotique, toutes ces choses qui me passent nettement au-dessus de la tête, mais de là à imaginer qu'ils étaient parmi les plus fervents adorateurs de ce Jouret et de ce Di Mambro !

Le choc a été rude. Pourtant, je crois avoir fait face. Durant plus d'un an, avec Alain, nous avons tout essayé. Nous voulions à tout prix les ramener vers nous. Édith et Patrick ont vaguement promis qu'ils avaient quitté la secte. Je leur ai fait confiance, trop confiance, c'est évident. Il aurait fallu que je leur montre à quel point, la première fois, ils nous avaient fait mal. Il aurait fallu que je les espionne, que je fouille leurs affaires, que je passe au crible leurs moindres fréquentations. Et encore ? Avec des si...

Toute ma vie, je me suis battu. Je me suis battu sur les pistes de ski, je me suis battu dans les affaires. Mais là, contre ce cancer, je n'ai rien pu faire. J'étais impuissant. Je ne connaissais pas la règle du jeu. Mais qui la connaît ? Et y en a-t-il une ?

Deux semaines avant de disparaître, ma femme s'était acheté une nouvelle voiture : une Honda Civic. Est-ce le comportement normal d'une personne qui a choisi d'en finir avec la vie ? Sur sa table de chevet, dans notre chalet de Sionnet, près de Genève, j'ai retrouvé deux montres d'enfant enveloppées dans du papier-cadeau. Édith voulait les offrir à ses nièces, le soir de Noël. Comment aurais-je pu deviner que ce soir-là, à table, il y aurait deux couverts en moins : ceux de ma femme et de mon fils... Comment ?

Au fond, je ne suis sûr que d'une seule chose : jusqu'au dernier moment, ma femme a ignoré la date du « grand transit vers Sirius », comme ils disent. Deux jours plus tôt, le jeudi 14 décembre, elle avait fixé un rendez-vous à Véronique, la femme d'Alain. Elles devaient dîner ensemble dimanche soir. Je sais qu'Édith avait prévu de préparer une raclette. Dans le coffre de sa voiture, on a retrouvé du fromage et de la viande des Grisons qu'elle avait achetés au supermarché.

Aujourd'hui, je sais aussi ce que ma femme voulait dire à Véronique, ce soir-là. Édith aurait parlé de nos problèmes de couple, de la difficulté que nous avions, elle et moi, à communiquer. C'est vrai : depuis les « événements » de l'année précédente, je ne reconnaissais plus la femme avec laquelle j'avais bâti mon existence. Pendant plus de trente-cinq ans, nous avions connu un bonheur inégalé, un vrai bonheur. Nous avions eu trois garçons superbes, nous avions transformé une entreprise familiale en une marque internationale, Vuarnet. Les lunettes, les montres, le parfum, les chaussures, les stylos, le ski-wear et le sportswear... Vuarnet, oui. Comme le champion olympique de descente, en 1960, à Squaw Valley.

J'ai souvent lu une lueur d'envie sur les visages que nous croisions, Édith, les enfants et moi. D'envie et d'admiration. Je crois sincèrement que nous avons longtemps formé un couple exemplaire et une famille modèle. Puis le regard de ma femme a changé. Édith avait toujours ses yeux d'un bleu minéral, mais ils semblaient, désormais, tournés vers l'intérieur. Tout ce qui nous avait réunis pendant des années, tout ce qui pouvait symboliser notre « ascension » commune, lui était devenu insupportable.

Dimanche soir, lors de ce dîner qui n'a jamais eu lieu, ma femme aurait probablement annoncé à Véronique qu'elle ne voyait pas d'autre issue que le divorce. Je le sais. Elle le lui avait déjà dit à demi-mot au téléphone. Édith avait ajouté qu'elle m'aimait encore, elle avait même insisté plusieurs fois là-dessus. J'ignore si cela doit atténuer ma souffrance. Tout est tellement absurde, absurde et tragique. Édith n'est plus là, Patrick non plus. Ces salauds nous les ont volés. Et encore, je me contiens. Je pèse mes mots.

Le soir où ma femme a disparu, je préparais le voyage d'affaires que nous devions effectuer, Alain et moi, à Madonna di Campiglio, en Italie. C'était le vendredi 15 décembre. Il pleuvait. J'ai quitté mon bureau de Genève aux alentours de 18 h 30. Vingt minutes plus tard, j'étais à Sionnet, un village paisible à un jet de pierre de la frontière française, où nous habitons depuis une dizaine d'années. Plus je vieillis, moins je supporte la ville. Notre maison est située à l'écart du bourg. Elle est vaste et confortable, sans tape-à-l'œil, comme on les aime à la montagne. Au début, Édith et moi nous y sentions très bien. Lorsque je suis arrivé, vendredi soir, le garage était éclairé et les lumières de la cuisine et du salon étaient allumées. Ma femme n'était pas là.

J'ai tout de suite pensé qu'elle était partie faire une course. Je ne me suis pas inquiété. Tout était normal, à l'exception de ces lumières allumées, de cette impression de départ précipité. Après coup, bien sûr...

J'avais prévu de me rendre en Italie le surlendemain. J'ai laissé un mot sur le tableau de la cuisine pour signaler à Édith que je passerais la nuit dans notre chalet de Morzine, où je devais récupérer quelques affaires. Quand je suis parti, un quart d'heure plus tard, elle n'était toujours pas rentrée. Elle ne rentrera jamais.

En roulant vers Morzine, j'étais loin d'imaginer le drame qui allait se jouer durant la nuit. Je pensais au boulot, comme souvent. Je me suis récité le discours que j'allais devoir prononcer à Madonna, lors de cette réunion capitale où notre licencié textile Jack Better avait invité tous ses partenaires distributeurs. La presse internationale serait là. J'allais présenter devant trois cents personnes notre nouvelle collection sportswear. Depuis un an, la société Vuarnet était en pleine diversification : nous n'avions pas le droit à l'erreur. Durant ces deux jours, à Madonna di Campiglio, j'allais jouer gros.

Il devait être un peu plus de 20 heures quand je suis arrivé à Morzine. J'étais fatigué, et pressé de me coucher, même si, comme chaque nuit, je savais que j'aurais du mal à trouver le sommeil. Aux alentours de 21 h 30, j'ai reçu un coup de téléphone. C'était mon fils, Patrick. Il cherchait sa mère. « Tu ne sais pas où est maman ? » a-t-il demandé. Il semblait un peu énervé. Je lui ai répondu qu'il n'y avait personne, tout à l'heure, lorsque j'étais passé à la maison. Patrick a immédiatement changé de sujet. « Bon... Sinon, tu vas bien ? Les affaires tournent ? » Puis il a raccroché.

À ce point du récit, je tiens à apporter quelques précisions. Vue de l'extérieur, mon attitude, cette nuit-là, peut apparaître bien légère. Comment ! Ma femme s'est évanouie dans la nature et je ne m'inquiète pas plus que cela ! Eh bien, non... Cela semble incroyable, mais c'est la stricte réalité. Dans quelques heures, Édith trouvera la mort, en compagnie de Patrick, dans une clairière du Vercors. Et moi, je m'apprête à me coucher, seul dans notre chalet de Morzine, la tête ailleurs...

C'est vrai : moi-même, parfois, je ne comprends pas. Je me dis que j'ai sans doute fait preuve de négligence et je culpabilise. Lorsque j'y repense – et Dieu sait si j'y ai repensé ! –, les événements s'enchaînent de façon tellement évidente. Seulement voilà, j'en ai déjà parlé : Édith, depuis plusieurs mois, s'était éloignée de moi. Nous vivions ensemble, nous nous aimions encore, mais un mur de silence s'était édifié entre nous. Jour après jour. Soir après soir. Je savais qu'elle continuait de rencontrer des ex-adeptes de la secte. D'ailleurs, je n'avais pas cherché à l'en dissuader. C'étaient des amis, me disait-elle, rien que des amis. Ils passaient des soirées chez l'un, chez l'autre, à discuter. Pourquoi pas ? Je ne voulais surtout pas qu'après le drame de l'année précédente, Édith se sente coupée du monde. Je craignais que le remède ne soit pire que le mal. J'avais peur de la marginaliser un peu plus.

Après tout, ma femme m'avait juré qu'elle en avait fini avec la secte. Et tous ses amis aussi. À l'entendre, ils avaient certes été aveuglés pendant des années, mais la réalité du carnage d'octobre 1994, les cinquante-trois morts, les enfants carbonisés, les avaient ramenés sur terre. Voilà ce qu'Édith me disait. Voilà ce que je pensais. Aujourd'hui, je reconnais mon erreur. Je me suis fait berner.

Il faut prendre la mesure de ce que j'ai vécu pour me comprendre. Depuis trois mois, Édith et Patrick partaient souvent passer leurs week-ends dans le midi de la France, à Sarrians, dans le Vaucluse. Mon fils possédait un bungalow là-bas. Ils me racontaient qu'ils allaient tailler les arbres, bronzer au soleil, ou je ne sais quoi encore... Je savais que la plupart des maisons voisines avaient fait partie du patrimoine immobilier de la secte. À l'époque, tous les journaux l'avaient écrit. J'ai demandé à Patrick de quitter ce lotissement, de revendre son bungalow. Il a refusé. Je lui ai expliqué que je croyais en ces bonnes résolutions, mais que là, tout de même, c'était inadmissible. J'ai ajouté qu'il ne s'en rendait peut-être pas compte mais qu'il s'agissait d'une provocation intolérable à l'égard des médias et surtout de la police et de la justice. « Pourquoi ? a-t-il répondu calmement. Tu sais, papa : ce n'est pas un crime de posséder quelques pierres et un bout de jardin au soleil. » Par la suite, je suis revenu plusieurs fois à la charge. Puis j'y ai renoncé. Avec lui, comme avec Édith, durant cette longue année, j'ai souvent été obligé de me faire violence. Je ne sais pas comment l'expliquer, mais, à force d'être systématiquement étonnantes, les choses avaient fini par ne plus l'être. Le manque de dialogue faisait le reste. Il me fallait entrer dans leur logique, sinon je ne vivais plus.

Cette nuit-là, finalement, je me suis endormi en pensant qu'Édith était sortie chez des amis – « ses » amis – ou qu'elle était partie en week-end sans m'en avertir. D'habitude, tout de même, elle me prévenait.

Le lendemain matin, j'ai déjeuné à Morzine avec un ami qui, comme moi, se passionne pour les armes anciennes. Je voulais lui montrer le revolver américain de 1872 qu'il devait m'acheter. Une pure merveille. Ensuite, j'ai bricolé dans le chalet, j'ai bouquiné un peu et puis je suis redescendu à Sionnet à la tombée du jour. Édith n'était toujours pas là.

Le dimanche matin, nous sommes partis très tôt pour l'Italie. Il faut compter six heures de route pour rallier Madonna di Campiglio. Alain avait un téléphone portable avec lui. J'ai cherché à joindre Ute Verona, la compagne de Patrick, mais personne n'a décroché. Ensuite, j'ai appelé au domicile d'Emy Anderson, une amie d'Édith, et je suis tombé sur le répondeur.

Durant le trajet, nous avons beaucoup discuté. Mon fils m'a dit à quel point il trouvait qu'entre sa mère et moi la tension était devenue insupportable. « Avec maman, ça devient dingue, a-t-il ajouté. Chaque fois que je passe à la maison, on s'engueule. Depuis deux mois, quand je la vois, j'ai une boule dans le ventre. Qu'est-ce que tu comptes faire ? » J'ai compris qu'il pensait qu'une période de séparation pourrait nous être profitable. Par la suite, les choses se seraient sans doute arrangées. Du moins, je le croyais. Je reconnais que l'idée m'avait déjà effleuré plusieurs fois. Après les fêtes, me suis-je dit, j'étudierai la question.

Plus tard, je serai frappé d'apprendre qu'Édith avait pris rendez-vous avec ma belle-fille pour évoquer le même sujet. Chacun de notre côté, ce dimanche-là, nous avions décidé de réfléchir à l'avenir de notre couple. Peut-être aurions-nous pris la décision de nous séparer après trente-sept ans de mariage ? Peut-être pas... Mais il était écrit que ce week-end ne serait pas un week-end comme les autres. Je ne pouvais pas deviner que, pour Édith, l'histoire était déjà finie.

À Madonna di Campiglio, j'ai retrouvé Jack Better, notre responsable du secteur textile. Il avait tout organisé dans les moindres détails : l'accueil des personnalités, les invitations aux journalistes, l'ordonnancement des réunions de travail. Du bon boulot. Le soir, un film a été projeté aux invités. Les images en noir et blanc de Squaw Valley, la création des lunettes Vuarnet, le développement de l'entreprise, ce film reflétait parfaitement l'image de notre marque... En une heure, j'ai vu défiler ma vie. J'étais très ému. Alain et moi couchions dans la même chambre d'hôtel. Vers minuit, il s'est endormi comme un bébé. J'ai éteint la lumière et j'ai attendu le sommeil.

Lundi, jusqu'au soir, le programme a été infernal. Réunion sur réunion. Alain m'a avoué qu'il ne m'avait jamais vu comme ça : à plusieurs reprises, en pleine discussion, je me suis évadé. J'étais bien là, assis autour de la même table que mon fils et nos distributeurs, mais je pensais à autre chose. Les autres n'ont rien remarqué. C'est la première fois que ce genre de chose m'arrive. Dans les affaires, il faut faire envie. Pas pitié.

Nous sommes rentrés dans la nuit de lundi à mardi et mon inquiétude a brusquement augmenté : ma femme n'avait toujours pas donné signe de vie. J'ai appelé le docteur Le Gall, un médecin de Sarrians, un proche de Jouret. Il m'a dit qu'il ne comprenait pas, que deux de ses voisins avaient, eux aussi, disparu vendredi soir, qu'ils étaient partis sans crier gare. À travers les fenêtres de leurs maisons, Le Gall avait pu apercevoir les décorations de Noël et les guirlandes lumineuses qui clignotaient dans le vide.

Alain. *Le coup de fil au docteur Le Gall m'a laissé une impression bizarre. D'un côté, j'étais énervé d'être obligé de contacter un proche de Jouret et d'y mettre les formes, pour avoir des nouvelles de maman et de Patrick. Par ailleurs, il fallait absolument que papa se contienne, qu'il ne laisse pas exploser sa colère envers ce type : nous avions si peu de coordonnées à notre disposition. Maman n'avait jamais inscrit les numéros de téléphone de ses « amis » sur son agenda. Je le sais : j'avais regardé. Je voulais qu'on tire le maximum d'informations de ce Le Gall. Il n'a pas pu nous éclairer beaucoup. J'ai eu, pourtant, la désagréable sensation qu'il nous présentait par avance ses condoléances. Je ne l'ai pas dit comme ça à mon père. Mais quelque chose dans le ton de sa voix, une certaine gêne, aussi, me faisaient craindre le pire. À partir de ce moment-là, j'ai décidé de commencer à préparer doucement papa à l'inéluctable.*

Le mardi, j'ai appelé mon avocat, qui m'a conseillé de faire une déclaration de disparition auprès de la police. J'ai également téléphoné à mon banquier. Il m'a signalé un fait troublant : juste avant de s'en aller, ma femme avait prélevé sur mon compte dix mille francs suisses qu'elle avait immédiatement changés en argent français. Édith ne retirait jamais de telles sommes à la banque. Cette nouvelle m'a presque rassuré. Avec quarante mille francs en poche, elle avait sans doute entrepris un voyage avec Patrick. Il leur était déjà arrivé d'effectuer des pèlerinages d'une semaine en Égypte ou à Saint-Jacques-de-Compostelle. Le lendemain, quand les journaux ont révélé qu'une quinzaine d'adeptes du Temple solaire étaient introuvables depuis plusieurs jours, j'ai tout de suite transmis l'information à la police. Les recherches, jusque-là, partaient dans toutes les directions. Instruits par le carnage de l'année passée, les enquêteurs ratissaient en vain les environs de Genève. Si ma femme avait échangé des devises suisses contre de l'argent français, c'était la preuve que les disciples de Jouret et Di Mambro étaient en France.

Ensuite, tout est allé très vite. Les spécialistes des sectes – je ne sais pas comment on les appelle – ont émis deux hypothèses. La première faisait état d'un rassemblement des ex-adeptes de l'Ordre dans l'optique d'une renaissance du mouvement. L'autre, évidemment, évoquait un nouveau suicide collectif. À Genève, le téléphone sonnait désormais sans arrêt. Les journalistes voulaient absolument connaître mes réactions, savoir ce que j'en pensais et si j'y croyais encore.

Vendredi, avec Alain, nous avons décidé de partir pour Nîmes. Nous avions prévu de fêter Noël dans la famille de Véronique. Pourquoi changer ? Là-bas, au moins, nous serions tranquilles. C'est ce qu'on croyait.

Je suis debout dans la cuisine. J'ai bu mon café. La radio marche en sourdine : « Seize personnes dont les corps ont été retrouvés carbonisés au fin fond du Vercors... Édith et Patrick Vuarnet, l'épouse et le fils de l'ancien champion de ski, seraient, selon toute vraisemblance, au nombre des victimes... » Je dois continuer de vivre, tenir le coup. Je vais répondre aux journalistes et je ne pleurerai pas, pas devant tout le monde.

Demain, c'est Noël.

Plus tard, je raconterai tout. J'écrirai un livre.

2
Squaw Valley

Squaw Valley, Californie. *La Marseillaise* retentit. Je suis sur la plus haute marche du podium, autant dire sur un nuage. Depuis quatre ans je ne vivais plus que pour ce moment-là. Lors des Jeux olympiques de 1956, à Cortina d'Ampezzo, j'avais été écarté de l'équipe de France, à la suite d'un différend avec les dirigeants. J'ai toujours été une forte tête. Aujourd'hui, 22 février 1960, je tiens enfin ma revanche. Je suis champion olympique de descente, j'ai vingt-sept ans, une nouvelle vie commence.

C'est curieux, à cet instant, une sorte de nostalgie monte en moi. Je sais que c'est ma dernière course. Médaille d'or : il n'y a plus rien au-dessus. Tout ce que j'aimais jusqu'à présent, je ne le referai plus. Prendre un départ, avoir la barre au ventre, les genoux en feu, c'est fini.

Ce titre olympique, je l'ai raconté des centaines de fois, dans les mois qui ont suivi mon retour des États-Unis. Trente-six ans ont passé. Ce n'est pas par plaisir que je recommence aujourd'hui. Je ne tiens pas à remuer des souvenirs d'ancien combattant. Mais rien dans ma vie, dans celle d'Édith et de nos trois fils, ne peut s'expliquer sans évoquer cette gloire soudaine et le mélange d'ombre et de lumière qu'elle a provoqué autour de moi.

Lorsque je me suis envolé pour Squaw Valley, j'étais marié avec Édith depuis deux ans. À l'époque, je ne connaissais rien des États-Unis, rien que des rêves de gosse. À la sortie de l'avion, j'ai pris ma première claque. L'aéroport de Reno, au Nevada, était transformé en décor de western, et l'organisation des Jeux avait été confiée à Walt Disney. On croisait des figurants en tenue d'Indien et de cow-boy jusque dans les toilettes.

Un autre aspect des États-Unis me revient tout à coup en mémoire. À peine sorti de l'aéroport, une armée de types s'est précipitée pour nous distribuer des brassées de prospectus. Il y en avait pour tous les goûts : un homme de loi se déclarait prêt à régler notre divorce sans incident et sans douleur, la Scientist Church vantait les mérites de sa chapelle, et une secte dont j'ai oublié le nom se proposait d'arranger notre mariage aux meilleures conditions. Une secte, oui. En France, je crois que je n'avais encore jamais entendu prononcer ce mot-là...

À Squaw Valley, je n'ai disputé que la descente. Quelques semaines plus tôt, je m'étais fracturé la main lors d'une chute à vélo. Je me savais incapable de m'aligner au départ d'un slalom. Appuyer sur les bâtons m'aurait fait trop mal. On me disait, dans la presse, en très mauvaise forme et j'étais loin d'être favori. Tant mieux. Je ne m'étais jamais senti aussi fort.

Alain. *Mon père ne m'a jamais parlé de son exploit de Squaw Valley. J'ai dévoré un livre qu'il avait écrit à l'époque. Et j'ai vu récemment une cassette de sa course. Voilà tout ce que je sais de sa victoire olympique, et je ne le tiens pas de lui. Papa est pudique. Trop pudique. À la maison, parfois, j'aurais aimé qu'on se mette tous autour de la table et qu'il nous raconte ces années-là. En fait, mon père ne s'est jamais confié qu'à deux ou trois vieux amis : René Collet, Pierre Ducis... Et encore, c'était une amitié entre dahus. Avec eux, ce sont surtout les silences qui parlent.*

Le jour de la course, tous les regards sont tournés vers Adrien Duvillard, l'homme au ski d'or, comme on le surnomme dans les journaux. Adrien est un copain. Il a survolé les compétitions du début de saison. Avec lui, le ski français renaît enfin.

Je porte le dossard numéro 10, un bon dossard. Le temps est magnifique. Je suis étonnamment serein, mes jambes ne sont même pas cotonneuses. À l'entraînement, j'ai appris par cœur chaque bosse, chaque dévers, chaque faux plat de cette piste de Squaw Peak. J'ai décidé, une fois de plus, de ne rien faire comme les autres. Je couperai là où mes adversaires contourneront. C'est un risque mais on ne devient pas champion olympique sans prendre de risque.

Quelques jours avant la course, j'avais envoyé un mot à mes parents. « Tout va bien. Je suis en forme. Je considère mes chances comme très grandes. Au moment où vous lirez cette lettre, vous connaîtrez le résultat de la descente : j'espère, alors, ne pas être ridicule. »

J'ai bien failli l'être. Mon premier virage est une catastrophe. J'y laisse une bonne seconde. À la sortie du dévers, je me traîne. Sur le bord de la piste, j'aperçois l'ancien champion Émile Allais dans son pull rouge, accroupi en position de recherche de vitesse : la position dite « de l'œuf » que j'ai mise au point, seul dans mon coin, et qui fait tant rire les Américains. Le signal d'Émile Allais signifie que je suis en retard. Il ne m'apprend rien. Depuis ce maudit virage, j'ai décidé de tout donner. Je grignote... Je remonte... Je vais vite, vite... Je suis au maximum... Déjà, la banderole... Je sens que je vais gagner... Je sais que j'ai gagné.

Dans l'aire d'arrivée, c'est la consternation. Je croise des regards gênés. On ne se rue pas sur moi. Je ne comprends pas, je me tourne vers le tableau d'affichage, et n'y vois rien. Aucun chrono ne s'est inscrit à côté de mon nom. Au bout de quelques secondes, je reprends mes esprits. Ce n'était qu'une panne de haut-parleur. Bientôt, je suis porté en triomphe.

Cette victoire qui allait devenir un motif de fierté nationale, je l'ai dédiée à mon père. C'est lui, Victor Vuarnet, médecin à Morzine, qui m'a mis sur des skis à l'âge de deux ans et demi. Mon père était un grand sportif. Capitaine du Football-Club de Lyon, l'ancêtre de l'actuel Olympique Lyonnais, sélectionné en équipe de France, lors des Jeux de Berlin, en 1936. À cette occasion, lui qui penchait volontiers vers l'extrême droite découvrira avec effroi le fanatisme hitlérien. Soixante-dix mille spectateurs, le bras levé, criant « *Heil... heil... heil* » à l'arrivée du Führer dans le stade. Lorsque mon père est rentré chez nous, il était écœuré. À l'époque, je n'avais que trois ans. Mais cette scène l'avait tellement marqué qu'il me l'a racontée maintes fois durant mon enfance. C'est de là, je crois, que vient mon aversion pour tout ce qui s'apparente à l'allégeance d'une foule envers un être unique.

Je dois beaucoup à mon père. Il m'a donné le goût de l'amitié, de l'esprit d'équipe et de l'effort. Dans notre jardin, il accueillait tous les gosses du village. Il avait installé un sautoir en hauteur et passait des heures à s'occuper de nous. Je lui dois toutes mes bases morales et intellectuelles. Quand j'ai eu onze ans, il n'a pas hésité à m'envoyer en pension à Paris. C'était pour lui un choix déchirant. « Le ski, Jean-Jean, ce n'est pas tout dans la vie, m'avait-il expliqué. Il faut que tu sois armé pour affronter l'avenir. »

De ces années parisiennes plutôt austères, je garde le souvenir d'un père mariste de Sainte-Marie de Monceau. Il m'a enseigné le français, le latin et le grec. Il m'a appris la droiture et l'indépendance d'esprit.

Pour être armé, j'étais armé. Et je n'ai pas tardé à en avoir besoin. Je l'ai dit : mon père était excessif en politique. Il l'était aussi avec les femmes. J'avais dix ans lorsqu'il s'est séparé d'Andrée, ma mère. Il a aussitôt trouvé une deuxième épouse. Elle s'appelait Marie-Cécile et était venue soigner sa tuberculose au grand air de la montagne.

J'ai très mal vécu la séparation de mes parents.

Toute mon enfance, j'avais tenté de les rabibocher. Ils s'affrontaient sans arrêt. J'étais dans la peau d'un arbitre. Je ne supportais pas leurs coups de gueule permanents. En aucun cas, me disais-je, mes propres enfants ne connaîtraient ça.

Marie-Cécile, ma nouvelle mère, a tout essayé pour apaiser cette déchirure. C'était une femme très intelligente. Elle lisait beaucoup et je recevais au pensionnat des articles qu'elle avait découpés dans *Les Nouvelles littéraires*. Elle me recopiait aussi des poèmes. À peine l'avais-je adoptée que mon père l'abandonnait pour une nouvelle femme...

J'ai quitté Paris pour Lyon. Je préparais math élém au lycée du Parc. C'est là que j'ai pu renouer avec le ski. J'ai remporté les championnats universitaires dans toutes les disciplines. En dépit de mes studieuses années parisiennes, je n'avais rien perdu. Mes études ont commencé à pâtir de cette passion retrouvée. J'ai raté deux fois mon bac. Pourtant, je voulais toujours devenir médecin. Un jour, mon père s'est fâché : « Si tu veux devenir médecin, tu arrêtes immédiatement le ski. » J'ai cessé de vouloir devenir médecin.

Comme tous les pères de sportifs, le mien s'est très vite approprié ma victoire de Squaw Valley. À l'entendre, ce titre olympique était le sien. Je ne lui en veux pas. Je le lui avais dédié.

En France, les répercussions de mon succès ont dépassé l'entendement. Les honneurs succédaient aux honneurs. J'allais de réception en cocktail de presse, j'étais reçu à l'Élysée, j'ai fait la une de *L'Express*, chose rarissime pour un « vulgaire » sportif. Ma photo, descendant de l'avion, un chapeau de cow-boy sur le crâne, s'est vendue dans le monde entier. Ce jour-là, à Orly, il y avait plusieurs milliers de personnes pour m'accueillir. Au milieu de cette foule, Édith m'attendait.

Ma femme aurait dû se trouver avec moi à Squaw Valley. Depuis 1956, Édith faisait partie de l'équipe de France. Une sale blessure à la jambe, lors d'une course à Cortina d'Ampezzo, lui coûta sa sélection. Pendant les Jeux, Édith reprit doucement la compétition en Autriche. Elle souffrait encore. Le chirurgien qui l'avait soignée se prétendait l'inventeur de je ne sais quelle technique ultramoderne. Il avait juste oublié de lui insensibiliser la jambe durant l'opération... Pauvre Édith ! Je me souviens qu'elle m'avait presque demandé pardon d'être tombée dans cette descente de Cortina. Finalement, elle décida d'arrêter la compétition en même temps que moi.

De toutes ces semaines de liesse, notre retour à Morzine reste le plus bel épisode. Je retrouvais ce décor féerique que j'aimais tant et que j'ai toujours considéré un peu comme ma propriété : les frondaisons des forêts de hêtres et de sapins, la pyramide de la pointe de Nyon, et ces Hauts Forts dont j'avais parfois rêvé, la nuit, à Squaw Valley...

Je me souviens qu'Édith et moi avons été hissés sur un traîneau. Nous glissons dans les rues du vieux village, passons sous un arc de triomphe fleuri portant les anneaux olympiques. Et c'est au milieu de tous ceux qui m'ont vu grandir que je comprends vraiment que ma carrière de champion vient de s'achever. Un autre horizon se profile, je me suis fixé un nouveau but : Édith, des enfants, notre chalet à Morzine...

Maintenant, je veux fonder une famille.

3
Édith

La première fois que je l'ai vue, je ne l'ai même pas remarquée. Ou plutôt, si ! J'ai honte de l'avouer : c'est sa façon de skier qui m'a attiré. J'avais vaguement entendu parler d'elle. À ce moment-là, pour moi, Édith Bonlieu n'était que la sœur de François Bonlieu. Lui, par contre, je le connaissais bien. Tout le monde l'appelait le Petit Prince des neiges. Un type adorable et un peu bohème. Sur des skis, c'était un véritable génie. Il avait été sacré vice-champion du monde de slalom à l'âge de quinze ans et demi. Il n'y en a jamais eu d'autres comme lui.

La première fois, donc, j'ai parié sur elle. C'était aux championnats de France, en 1955. Je ne savais pas à quoi elle ressemblait, mais sa technique à l'entraînement m'avait séduit. Avec des copains, nous nous amusions au petit jeu des pronostics. Je n'ai pas hésité une seule seconde. Le lendemain, Édith créait la surprise des championnats en remportant la descente. Elle venait d'avoir vingt et un ans.

À tous ceux qui n'ont retenu d'Édith que le visage pâle, le regard transparent des derniers mois, je voudrais dire à quel point elle était somptueuse. Un regard bleu, un sourire d'ange, une silhouette de vedette hollywoodienne, Édith était la plus belle fille qui ait jamais porté les couleurs de l'équipe de France, la plus belle fille que j'aie jamais croisée. À cette époque, j'étais obnubilé par la compétition. Je n'avais rien d'un tombeur : je n'avais pas le temps. Mais là...

Lors de nos premières rencontres, j'ai été frappé par son appétit de connaissance et par son ambition. Édith n'avait pas eu une vie de famille bien réjouissante. Sa mère avait cinq enfants de trois pères différents. Édith avait laissé tomber les études à l'adolescence. Le ski, pour elle, était une façon de fuir ce milieu familial chahuté où elle se sentait brimée. Antoinette Charié, sa mère, était une femme envahissante à la personnalité hors du commun. Elle aurait été davantage à sa place sur une scène de cabaret que dans son rôle de femme au foyer. Elle vécut quelques années avec son frère, Pierre Charié. Édith n'a jamais connu son vrai père.

Tous les deux, nous partagions le même destin. Je n'avais pas vécu avec ma vraie mère. Édith et moi avions la même envie de nous échapper, le même besoin de construire quelque chose. Elle voulait croquer la vie et apprendre l'anglais – à l'époque, ce n'était pas si fréquent. Elle parlait de faire le tour du monde, de partir sur un voilier dans les mers du Sud. Édith brassait mille projets à la fois. J'aurais pu l'écouter des heures durant.

Pendant trois ans, nous avons vécu en concubinage. Ça ne se faisait pas trop. On le savait et on s'en fichait. Le jugement des autres nous importait peu. Nous avancions dans la vie à cent à l'heure. Entre deux stages de ski, nous nous lancions dans des grandes virées à moto. Je m'étais offert une 650 BSA Golden Flash, une folie. Comme tous les descendeurs, j'avais le sens des trajectoires. Je prenais les virages en corniche plein pot. À l'arrière, Édith, qui n'avait peur de rien, s'esclaffait. Ses copines de l'équipe de France l'avait surnommée « le Bélier ».

Les soirs de fête, après les entraînements, on s'épuisait dans les boîtes. Ou plutôt, elle s'épuisait. Édith adorait danser le be-bop. Moi, j'étais plutôt du genre à l'admirer, un verre à la main : la danse n'a jamais été ma spécialité, loin de là. Je me contentais de la faire rire.

Nous nous sommes mariés le 15 novembre 1958, à Saint-Gervais, au pied du mont Blanc. Édith était la vedette du club de ski local. Pourquoi en novembre, alors que nous étions tous les deux en pleine période d'entraînement et qu'il faisait un froid de canard ? Et pourquoi pas... Notre décision avait été prise sur un coup de tête. Je n'étais pas encore champion olympique – seulement l'un des leaders de l'équipe de France –, mais ce mariage prouva que nous formions sans le vouloir un couple très médiatique : le seul qui unissait deux skieurs de haut niveau. À la sortie de l'église, le parvis était envahi par les photographes. Les actualités Gaumont étaient là. Ils voulaient des images fortes, et nous nous sommes retrouvés en tenue de mariés, sur un télésiège, à mille huit cents mètres d'altitude. Nous donnions l'impression de flotter sur une mer de nuages.

Notre lune de miel fut réduite à sa plus simple expression. Quatre jours de repos en amoureux dans un petit hôtel de Genève. Quelques séances de cinéma, des balades au bord du lac et, chaque soir, une bonne table. À cette époque, Édith adorait manger.

On a raconté beaucoup de choses sur notre idylle. Il fallait remplir les colonnes des journaux. La concurrence effrénée entre les stations de ski alimentait la rumeur, les jalousies au sein de l'équipe de France, aussi. On prétendit, entre autres, que notre mariage avait été arrangé de toutes pièces. Que la Fédération nous avait donné l'ordre de régulariser une situation intolérable pour la morale sportive. Quelle plaisanterie !

C'est la première fois, pourtant, qu'Édith perdit de sa belle insouciance. Les ragots l'avaient blessée plus que je ne le croyais. Deux ans plus tard, après le retour de Squaw Valley, à la millième question d'un journaliste : « Ça vous fait quoi d'être la femme d'un champion olympique ? », elle a rétorqué, excédée : « Je me suis mariée avec Jean Vuarnet, pas avec une médaille d'or... »

Il fallait être forte et patiente pour supporter les contraintes de ma notoriété. Pendant près d'un an, elle m'a accompagné dans une interminable tournée de conférences. Je racontais ma descente de Squaw Valley aux quatre coins du pays. Toujours la même histoire : mon abnégation à l'entraînement, le virage du départ totalement raté, le pull rouge d'Émile Allais. Et cette position de l'œuf, que j'avais inventée quatre ans plus tôt dans l'indifférence générale, et que le monde entier se décidait enfin à découvrir. Au cours de ces multiples manifestations, je me rendis compte de la fascination que peut exercer un bon orateur sur son public. Ce n'est pas compliqué, il suffit de dire aux gens ce qu'ils ont envie d'entendre, au moment où ils veulent l'entendre. J'avais ce pouvoir. Je n'ai jamais cherché à en abuser. D'autres n'ont pas ces scrupules.

Un fossé culturel m'a toujours séparé d'Édith. Elle n'avait pas fait d'études. Moi, avec mon petit bagage universitaire, je passais pour l'intellectuel du ski français. Au début, c'était un détail sans grande importance. Édith, je l'ai déjà dit, avait soif d'apprendre, et voulait combler son retard. Les événements ne lui en ont pas laissé le temps. Je répondais avec décontraction aux questions des journalistes. J'avais un certain sens de la repartie. À mes côtés, elle assistait, de plus en plus taciturne, au tourbillon des interviews. Un jour, lors d'une cérémonie des Chevaliers du Tastevin, dans les caves de Vosne-Romanée, on m'apostropha en latin. En face de moi, Édith était devenue blême. Cette fois, elle ne voyait pas comment je pourrais m'en sortir. À vrai dire, moi non plus. Je ne sais par quel miracle l'enseignement du père mariste de Sainte-Marie de Monceau m'est brusquement revenu. J'ai répondu d'une seule traite, également en latin. Je me souviens qu'Édith était soufflée. Elle semblait très admirative, peut-être même trop. Pourtant, je n'ai jamais voulu la complexer ni la rejeter dans l'ombre.

Alain. *Une scène m'a terriblement marqué. J'avais seize ans. Jusque-là, j'avais de ma mère la vision de quelqu'un de très solide. Elle était à la fois une maman poule et, à mes yeux, une femme forte. Maman était bonne jusqu'au bout des ongles. Le jour où c'est arrivé, j'étais entré à l'improviste dans sa chambre. Elle était en larmes. À bout de nerfs. Maman était seule à la maison, ce jour-là. Je n'ai pas compris pourquoi elle s'était mise dans un état pareil. J'ai essayé de la consoler, de la prendre dans mes bras. Entre deux sanglots, elle murmurait : « Je n'aurais jamais dû me marier avec ton père. Il était trop fort pour moi... » À cette époque, pourtant, tout avait l'air de si bien se passer à la maison. Mes parents semblaient s'entendre parfaitement. J'étais choqué. Moi aussi, j'ai fondu en larmes.*

Édith était née pour vivre en pleine lumière. En plein jour. Elle était faite pour mener une existence saine et enjouée. Elle connaîtrait, plus tard, de nombreux drames dans sa famille, comme si un sort funeste s'était acharné contre les Bonlieu.

Pour l'heure, nous avions décidé de rentrer à Morzine : Édith attendait un bébé. Le premier de mes trois fils.

4

Les années glorieuses

Si je me laissais aller à raconter ces années-là, les plus heureuses de ma vie, je n'en finirais plus. Jusqu'à ce que j'apprenne que ma femme et mon fils appartenaient à une secte, ma vie était conforme à celle dont je rêvais petit. Ma « carrière » suivait un cours flatteur et Édith éduquait merveilleusement bien les enfants. Nous ne manquions de rien, nous pouvions même nous offrir le superflu. Peut-être n'ai-je pas été assez attentif envers Édith, mais je me battais contre le temps, du matin au soir. Je le faisais pour elle, et elle le savait. Nous n'avions pas besoin de grands discours pour nous comprendre. Pourquoi ne pas le dire ? Le malheur qui m'a frappé peut donner lieu à une interminable introspection : il ne m'enlèvera pas ces moments-là. Trente ans d'une vie de famille comme beaucoup n'en connaîtront jamais.

Au commencement, il y a Squaw Peak. Ce fut ma chair. Notre chair, à Édith et à moi. À la fin des années 50, ce n'était presque rien : juste un petit mazot niché au creux de la vallée qui mène à

Morzine. Une maison de poupée, disait ma femme. À mon retour des Jeux, nous l'avons baptisée ainsi – Squaw Peak – en souvenir de cette montagne qui m'avait porté chance. Ma femme aimait bien les grigris, les mascottes, les porte-bonheur. Elle avait cloué sur la façade un gros joug en bois sur lequel étaient inscrits le nom du chalet, Squaw Peak, et nos deux prénoms. C'était pour moi un petit clin d'œil. Édith, elle, y voyait le symbole de cette vie de famille qu'il nous faudrait construire pas à pas, avec la patience du paysan.

Squaw Peak fut ma réussite. La seule, peut-être, qui ait jamais vraiment compté. À chaque naissance d'un enfant, nous l'avons agrandie, redessinée. C'était un chantier permanent. Nous inventions des petits couloirs pour raccorder les différentes parties de la maison. Pour circuler, il fallait à la fois baisser la tête et lever le pied. Nous bricolions des mezzanines. Édith adorait ça. Elle était infatigable, voulait poser elle-même les poutres, placer les ardoises sur le toit. Ses numéros d'équilibriste lui ont coûté cher : une fausse couche. Sa première épreuve.

Je demandais beaucoup à Édith. Dès mon arrivée au pays, les Morzinois m'avaient sollicité pour devenir le directeur de la station. Leur porte-drapeau. Morzine n'était alors qu'une bourgade de moyenne montagne. Pour survivre, elle devait rivaliser avec des sites prestigieux comme Chamonix ou Megève. L'époque du « ski roi » débutait. La naissance de stations ultramodernes à La Plagne, ou à Flaine, se profilait dangereusement. Il fallait réagir. J'ai accepté cette mission avec enthousiasme. Jusqu'alors, je n'avais couru qu'après mon propre succès. J'avais suivi mon étoile avec obstination et, il faut bien le dire, un peu d'égoïsme. Désormais, l'idée de bâtir pour les autres, avec les autres, me passionnait. Squaw Peak se transforma en bureau d'études. Pour ses premières années de mariage, Édith aurait sans doute rêvé d'une ambiance moins tumultueuse. Elle ne s'est jamais plainte. Son sourire était intact. Elle recevait mes invités avec aisance et un petit mot pour chacun.

En quelques mois, mon projet a pris des proportions titanesques. À l'évidence, le domaine de Morzine ne suffisait pas à satisfaire les skieurs de tout niveau. Il fallait voir plus grand et plus haut. J'ai visé Avoriaz et ses reliefs ensoleillés. Avoriaz, à l'époque, n'était qu'un vaste alpage sans aucun aménagement. À l'été 1961, on n'y comptait que quatre à cinq habitants et des vaches... Le financement de cette station fut, pour moi, un véritable parcours d'obstacles. J'ai obtenu à l'arraché un accord de la municipalité de Morzine : la commune me fournissait quatre-vingt-deux hectares situés sur le plateau. Quant à moi, épaulé par un groupe de promoteurs, je m'engageais à équiper le domaine skiable en remontées mécaniques. Avoriaz a grandi rapidement. Des immeubles originaux, tout en bois et en décrochements, sortirent de terre et s'organisèrent en village. Nous bâtissions en pionniers ce qui deviendrait un complexe de classe internationale.

C'est au pied de l'un de ces immeubles que j'ai

créé le premier magasin d'équipement de ski. On l'avait bêtement baptisé Ski-shop. Je l'avais conçu pour répondre à un besoin mais aussi en pensant à ma femme. Je ne voulais pas la laisser au bord de la route ni à l'écart de mes projets. Elle en est rapidement devenue la patronne. Elle s'est parfaitement acquittée de sa tâche. Il me semble qu'à cette époque l'idée de la mort, la perspective d'un accident de voiture, m'avait hanté. Nous avions déjà deux garçons, Alain et Pierre. Je voulais à tout prix assurer leurs arrières, les protéger contre un destin dont j'ai toujours craint les revirements imprévisibles.

La vie est faite de rencontres. Certaines vous mènent à la catastrophe. D'autres vous subliment. Quelques mois avant les Jeux olympiques, un opticien parisien, Roger Pouilloux, avait remis gratuitement à chaque membre de l'équipe de France une paire de « Skylinx », des lunettes de soleil révolutionnaires qu'il avait lui-même confectionnées. Elles étaient dotées d'un verre incassable, capable d'arrêter les ultraviolets et presque tous les infrarouges. Elles faisaient, en prime, ressortir le relief : avec elles, le skieur pouvait apercevoir les bosses dans une purée de pois.

C'est par hasard, en se rendant au cinéma, que Roger Pouilloux aurait eu la « révélation » : en gros plan, durant les actualités, on me voyait chausser ces « Skylinx » devant les objectifs du monde entier. Le soir même de ma victoire, il m'a téléphoné : « Vuarnet, venez me voir tout de suite... J'ai eu un coup de génie : nous voulons donner votre nom à ces lunettes... » À Paris, le lendemain, nous avons conclu l'accord d'une simple poignée de main.

« Jean Vuarnet » était devenu une griffe. Sur le coup, cela me laissa assez froid. Autant le dire, cette subite promotion ne m'intéressait pas vraiment. Pouilloux me le reprochera vertement. La vente des lunettes Vuarnet a démarré au ralenti : deux cents paires la première année, deux mille cinq cents deux ans plus tard. Les royalties que je touchais me permettaient tout juste d'acheter mes cigarettes. Un jour, j'aurais droit au cigare.

Je n'ai jamais été obsédé par l'argent. Édith non plus. Nous vivions simplement, même si parfois nous donnions l'illusion de mener une existence de milliardaire. Les motos, mais aussi les voitures, nous passionnaient. Entre deux 4L, il m'arrivait de rouler dans de belles anglaises ou d'énormes américaines. Je me suis longtemps baladé dans une Buick rutilante que j'avais achetée d'occasion. Jean-Jean au volant d'une Buick ! Les Morzinois s'en souviennent encore.

Alain. *Mon père a toujours eu un véritable conflit avec l'argent. J'ai presque l'impression qu'il nous mettait chaque jour en garde contre ses dangers. Pour lui, c'était un outil, la concrétisation d'un effort. Il n'a jamais couru après la fortune. Il n'avait pas de gros besoins. Son discours sur l'argent est la seule leçon de morale qu'il nous ait tenue en plus de trente ans. Papa n'a jamais cherché la reconnaissance à tout prix, elle venait à lui naturellement. Il s'est toujours moqué du regard des autres, est toujours resté insensible aux bravos qu'on a pu lui adresser. Il traitait ça par l'humour et la déri-*

sion. À l'écouter, il n'était pour rien dans le lancement d'Avoriaz. C'était uniquement le succès d'une équipe, comme pour la fameuse position de l'œuf. Ce n'était pas « son » invention. Il n'avait rien révolutionné du tout. À croire qu'il s'était retrouvé, un jour, recroquevillé sur ses skis sans le faire exprès.

Les situations acquises m'ont toujours irrité. La vie de rentier, n'en parlons pas. Lorsque Avoriaz a connu son véritable essor, à la fin des années 60, j'ai considéré ma mission comme terminée. Du reste, je finissais par me fâcher avec tout le monde. J'ai toujours aimé donner les impulsions. Je n'ai jamais pu encadrer les profiteurs, quels qu'ils soient.

À cette étape de ma vie, il me fallait un nouveau défi. Ce fut l'aventure italienne. Il s'agissait de relancer la Squadra, cette équipe de ski qui, depuis dix-sept ans, n'avait connu qu'un podium. Pendant quatre ans, de 1968 à 1972, j'ai passé l'essentiel de mes journées à Milan et sur les pentes des stations italiennes. Je n'y ai pas perdu mon temps. Le succès fut complet : une pluie de médailles. La « Valanga Azzurra », l'avalanche italienne, comme disaient les tifosi. Auparavant, il m'avait fallu batailler ferme, faire cesser les querelles de clocher, en finir avec la tchatche et la frime, imposer à mes skieurs un travail technique dont ils ignoraient tout, ou presque. À table, je les avais mis au régime. Ce n'était pas le plus facile. Heureusement, depuis toujours, Édith m'avait donné de bons conseils pour contrôler mon poids et manger équilibré. Je n'ai fait qu'appliquer ses leçons.

Cette expérience fut aussi l'occasion d'apprivoiser la presse la plus excessive d'Europe. Elle m'a appris à contenir les rumeurs. À contrer les opérations de désinformation les plus mesquines. En février 1968, j'étais à peine installé dans mes fonctions d'entraîneur que des supporters de Gustavo Thoeni, déçus par ses contre-performances, avaient diffusé des photos où l'on me voyait vautré dans une chaise longue. La légende était celle-ci : « Voici l'entraîneur qui coûte une fortune à la Fédération italienne ! » J'ai poussé un coup de gueule. Ça a calmé tout le monde.

Quand j'y repense, je m'aperçois qu'Édith a supporté seule la petite enfance de Patrick, notre troisième fils. J'étais toujours parti. J'effectuais quatre-vingt mille kilomètres par an au volant de ma voiture. Je rentrais éreinté. Parfois Alain, notre aîné, me rappelle qu'à leurs yeux j'étais devenu une sorte de fantôme. C'est possible. En revenant d'Italie, j'aurais sans doute dû marquer un temps d'arrêt. Je ne l'ai pas fait. Je ne supportais pas l'inaction. Je me suis découvert une nouvelle marotte : l'édition. J'ai commencé par publier un guide des stations : *ski et montagnes de France*. Je passais mes nuits à corriger les épreuves et j'adorais ça. J'ai toujours aimé lire. En discutant avec le cinéaste Marcel Carné, j'ai décidé sur un coup de tête de rééditer sa *Vie à pleines dents*. Au fond, c'était un peu la mienne.

Je crois avoir tout fait pour créer, autour d'Édith et des enfants, des petits paradis. En Espagne, sur la côte d'Almeria, dans la bourgade d'Agua

Amarga, nous avons acheté une petite maison blanche. Année après année, là encore, nous en avons fait une villa somptueuse avec piscine et jardins fleuris. Nous y passions les deux mois d'été. Les gosses y ont connu leurs premiers flirts, et Édith la plupart de ses vraies amies. Nos plus belles photos de vacances ont été prises à Agua Amarga. Je les ai ressorties, l'autre jour. Ça m'a serré la gorge un bon moment.

Et puis il y a eu nos bateaux. Des voiliers formidables comme le *Gilda 2* qui, autrefois, avait appartenu à Aristide Briand. Voguer en Méditerranée constituait pour nous un luxe suprême, une véritable récompense. Lorsque mes revenus sont devenus suffisamment confortables, je me suis lancé dans une petite folie : la construction du *Tahoe*, une goélette de vingt mètres de long. J'aime toujours ce bateau. Je crois que je finirai mes jours avec lui.

Alain. *Si je devais garder une seule image de toutes ces années de bonheur passées en famille, ce serait celle où nous nous retrouvions à ski, papa, maman, mes deux frères et moi. Une dizaine d'amis se joignaient à nous pour la journée. Nous partions très tôt le matin, pour emprunter des itinéraires que nous seuls connaissions, à l'écart des touristes. Maman avait gardé son style de descendeuse. Elle était toujours aussi élégante. Nous traversions tout le domaine skiable des Portes du Soleil. À midi, on s'arrêtait chez Cocoz ou chez Gustave Trombert, deux restaurants d'altitude en Suisse. Nous avions nos habitudes. Nous étions infatigables. Ensuite, nous redescendions vers Morzine. Mon père et ma mère nous ouvraient la piste. Ils n'ont jamais été aussi complices que sur les skis.*

En ce temps-là, Édith et moi adorions faire la fête. Au retour de mes voyages, elle organisait toujours des petites surprises. Le chalet était ouvert à tous nos amis. Nous avions envie de partager notre bonheur. La plus belle fête fut celle qu'Édith donna pour mon cinquantième anniversaire. En douce, elle avait convié tous mes vieux copains. Des Français, des Suisses, mais aussi des Canadiens, des Américains... que je n'avais pas revus, pour certains, depuis Squaw Valley ! Ils s'étaient tous déguisés en soldats romains. Devant eux trônait une immense table, recouverte de grappes de raisin et d'un cochon grillé. La mise en scène n'était pas due au hasard. Édith connaissait mon goût pour les bandes dessinées. J'avais toujours rêvé d'un banquet à la façon d'Astérix et Obélix. La fête, cette nuit-là, fit du bruit loin dans la vallée...

Édith se servait aussi de soirées pour réunir sa famille, dont les liens s'étaient peu à peu distendus. À l'occasion des quatre-vingts ans d'Antoinette, sa mère, tout le clan Charié avait été convoqué. Édith en a profité pour réconcilier Antoinette avec son frère Georges, et avec Lucien, son beau-frère. Ils nous ont tous quittés depuis, mais, grâce à Édith, ils sont partis membres de la même famille. Cette fête n'était pas la première du genre : ma femme en avait déjà organisé une à Egry dans le Loiret, berceau des Charié, chez sa tante Michèle.

Édith aimait aussi ses cousins : Jean-Paul, le député héritier des traditions politiques de la famille, Claude, héritier de celles plus terre à terre du commerce des vins, Françoise la littéraire. Le dernier, Daniel, plus proche de nous, est sportif et vit à Avoriaz dans le premier établissement-magasin de sport qu'Édith et moi avions créé.

Durant les années 80, les petites lunettes marquées d'un V ont fini par me rattraper. Les Américains en sont devenus fanatiques. L'homme d'affaires Peter Mentges, le distributeur du licencié lunettes Pouilloux, nous avait expliqué que le verre Vuarnet était à la lunette ce que Guerlain était au parfum ! Il y avait, selon lui, une « french touch », à la fois chic et sportive. Bientôt, nous avons vendu là-bas près d'un million de paires par an. Ils avaient fait le pari insensé de devenir sponsor officiel des Jeux olympiques de Los Angeles. Nous étions perdus au milieu de toutes les *major companies*. Des nains chez les géants. En fait, ce fut un coup de génie. Sur les ondes des radios californiennes, les journalistes météo n'annonçaient plus des journées ensoleillées, mais des « Vuarnet Day ». Le slogan exact était : « *It's a Vuarnet day, today !* » Cette Vuarnet-mania finira par prendre des proportions presque inquiétantes. J'appris, un jour, qu'une jeune femme de l'Oregon, Miss Robertson, n'avait rien trouvé de mieux que de prénommer son fils Skyler Vuarnet. Oui. Skyler Vuarnet Robertson...

C'est là, en vérité, que j'ai repris les affaires en main. Je n'étais pas contre les symboles, mais je craignais ce type d'effet de mode qui retombe du jour au lendemain. Pierre, mon deuxième fils, m'aida à lancer la première diversification de nos produits afin de consolider notre image de marque. Il s'occupa à Annecy d'une ligne de vêtements de ski. Alain, de son côté, se préparait à son futur rôle de manager en allant travailler chez notre licencié américain. Quant à Patrick, il rêvait de devenir un grand golfeur. Ce n'était tout de même pas moi, Jean Vuarnet, qui allais lui interdire de devenir champion !

Je ne connais pas le découragement. Sur les pistes, à l'entraînement, j'étais un monstre d'abnégation. Je suis têtu comme tous les montagnards. Dans ma vie professionnelle, la persévérance a toujours été ma principale qualité. Le travail ne me fait pas peur, il me stimule, c'est mon moteur. Une fois, une seule, j'ai ressenti le besoin de m'accorder une pause. C'était au printemps 1985, au plus fort de l'euphorie américaine. Je voulais partir loin. Seul avec Édith.

Nous avions vraiment besoin de nous retrouver. Les années étaient passées trop vite. Nous avons embarqué sur l'*Eileen*, notre voilier d'alors, longé la Corse, l'Italie puis les îles grecques. C'était la lune de miel que nous n'avions jamais vécue. Nos enfants nous rejoignaient les uns après les autres, quelquefois avec des amis. Ce voyage, un souvenir merveilleux, a duré cinq mois. Quelques années plus tard, le cauchemar allait commencer.

5

Octobre 94 : la nouvelle

C'était un dimanche d'automne ensoleillé : le dimanche 9 octobre 1994. Une partie de la famille s'était réunie à Morzine pour le week-end. Il y avait là Édith, Alain, Véronique et moi. Patrick était parti, la veille, disputer un tournoi de golf. Pierre et Dominique, son épouse, avec Yann et Quentin mes petits-enfants, étaient en vacances à Sainte-Maxime. Vers 11 heures, deux journalistes sont arrivés. Je me suis d'abord demandé qui étaient ces types et ce qu'ils foutaient là. Je n'aime pas qu'on m'emmerde pendant le week-end. Je n'aime pas qu'on m'emmerde en général. Je m'apprêtais à les virer quand ils m'ont dit qu'ils travaillaient pour *L'Express*.

– Et alors ! *L'Express* ou pas, vous croyez que ça vous donne le droit de débarquer chez les gens, comme ça, sans prévenir ? D'abord, qui vous a donné mon adresse ?

– C'est vrai ça, a ajouté Édith dans mon dos. Vous n'avez rien à faire ici.

– Écoutez, monsieur Vuarnet, on est vraiment

désolés de venir vous importuner un dimanche, mais c'est très important. Nous voulions absolument vous voir. Il faut qu'on vous parle...

On s'est regardés avec Édith. Elle attendait que je prenne une décision. Je n'ai pas réfléchi. J'ai dit :

– D'accord, mais j'espère que vous n'en avez pas pour longtemps. J'ai pas que ça à foutre !

Je les ai fait entrer dans la maison. Le soir, ils y étaient encore.

Quatre jours plus tôt, quand la nouvelle était tombée, je n'y avais pas tellement prêté attention. Le mercredi matin, à l'heure du petit déjeuner, la radio avait annoncé que deux chalets appartenant à une vague secte inspirée des Templiers avaient brûlé pendant la nuit. Il était encore trop tôt pour se prononcer, mais le journaliste avait ajouté qu'il y avait sans doute plusieurs dizaines de victimes à l'intérieur. L'hypothèse d'un suicide collectif semblait la plus plausible. Édith était à côté de moi. J'ai dit quelque chose du genre : « Eh bien... Ça fait autant de barjos en moins sur la planète ! » Sur le moment, je le pensais sincèrement. Je croyais que ce genre d'histoire n'arrivait qu'aux autres. Qu'il fallait envoyer tout ce beau monde en hôpital psychiatrique et qu'on n'en parle plus. Édith n'a pas bronché.

À midi, je suis rentré à la maison pour déjeuner. Patrick était devant la télé. Au journal de la mi-journée, ils ont montré les images des deux chalets carbonisés. Soudain, j'ai eu un frisson. Il me semblait reconnaître l'endroit où nous étions allés dîner, Édith et moi, l'année passée. Patrick sortait alors avec une certaine Dominique Bellaton. Ils nous avaient invités un soir dans le chalet de la jeune femme. Dominique avait été charmante. Le dîner s'était bien passé. Quelques mois plus tard, Patrick et elle s'étaient séparés. Je me suis adressé à Patrick :

– Dis donc, Granges-sur-Salvan, ce n'est pas là où vous nous aviez invités avec Dominique ?

Mon fils regardait fixement la télé. Il n'a même pas détourné ses yeux de l'écran pour me répondre :

– Si, si... Le chalet qui brûle, là, c'est le sien.

J'étais sidéré. Il n'y avait pas le moindre filet d'émotion dans sa voix. Je lui ai demandé si Dominique vivait encore sur place.

– Oui, a-t-il répondu calmement. Ça ne m'étonnerait pas qu'elle soit parmi les victimes.

Patrick a ajouté qu'il ignorait si elle faisait partie de cette secte dont le journaliste avait cité le nom : l'Ordre du Temple solaire. Il ne savait rien de plus. Si ce n'est que Dominique n'allait pas fort ces derniers mois. C'est un peu pour ça qu'il l'avait quittée : elle avait trop de problèmes existentiels.

Le lendemain matin, les journaux ont annoncé que le corps de Dominique Bellaton avait été officiellement identifié par la police. J'ai appris que mes deux fils avaient eu une discussion assez houleuse sur ce sujet. Alain, comme moi, se faisait énormément de souci pour la réputation de notre entreprise. Jamais durant ces quelques jours nous n'avons pensé que Patrick appartenait à cette maudite secte. Nous nous inquiétions seulement de savoir si des esprits tordus n'allaient pas profiter de la liaison entre Patrick et Dominique pour jeter notre nom en pâture dans les journaux. Patrick était totalement insensible à ce genre d'argument. Alain s'était énervé. Mais c'est son frère qui avait eu le dernier mot :

– Tu ne comprends rien à rien. Ce ne sont pas eux qui sont dans l'illusion, c'est toi. Sais-tu seulement qu'à l'heure actuelle il y a quatre-vingts guerres dans le monde...

Ensuite, les journaux ont commencé à parler de Luc Jouret et Jo Di Mambro, les deux gourous de l'Ordre. Di Mambro : ce nom ne me disait rien. En revanche, je me suis souvenu qu'Édith avait voulu m'emmener à une conférence d'un médecin belge, un soir, dans les salons d'un palace genevois. Je ne me rappelais plus le thème. Je suppose que cela devait tourner autour de la spiritualité. C'était l'affaire d'Édith. J'avais refusé tout net de l'accompagner. Ce jour-là, elle n'avait pas eu assez de mots pour me vanter les mérites du « Docteur » Jouret.

– Dis donc, me dit-elle, tu crois que c'est embêtant que j'aie gardé des cassettes de Jouret ?

– Quel genre de cassettes ?

– Des discours sur l'évolution de l'homme, l'homéopathie...

– Tu le connaissais bien, ce type ?

– Jouret ? J'ai assisté à plusieurs de ses conférences, c'est tout. Il y a des centaines de gens très bien qui assistaient à ces conférences...

J'ai conseillé à Édith de balancer ces saloperies de cassettes à la poubelle. De ne pas s'inquiéter davantage. J'ai simplement ajouté qu'il était temps pour elle de mettre de l'ordre dans ses idées.

Alain. *Je me rappelle très bien ces journées. Maman était sans doute plus paniquée qu'elle ne voulait le montrer. À la veille de monter à Morzine pour le week-end, elle m'avait dit qu'elle était très embêtée : une cassette était restée coincée dans son autoradio. Elle n'arrivait plus à l'enlever. Elle m'a demandé si je pouvais m'en occuper. J'ai finalement réussi à l'extraire avec un couteau, et je m'en suis débarrassé. Quelques heures plus tard, j'ai été pris d'un doute. J'ai récupéré la cassette dans la poubelle. Le lendemain, en roulant vers Morzine, nous l'avons écoutée avec Véronique. Il s'agissait d'un long monologue de l'astrologue de maman, une certaine Marilou. Au début, je ne me suis pas inquiété. Ma mère avait toujours été férue d'astrologie. Je me souviens qu'au début des années 80 elle avait fait faire les thèmes astraux de toute la famille. Très vite, pourtant, les conseils de cette Marilou m'ont fait froid dans le dos. Elle expliquait à ma mère qu'elle n'avait plus rien à attendre de son mariage. Elle était, disait-elle, arrivée au bout de son histoire avec papa. Il lui fallait maintenant se découvrir elle-même, s'accomplir, démarrer une nouvelle vie. Maman n'avait que cette cassette dans la voiture. Elle avait dû se la repasser plus d'une fois. Sans doute pour se donner du courage. Je suis sûr aujourd'hui que cette astrologue est celle par qui tout a basculé.*

Bien sûr, la mort de la petite amie de Patrick et l'admiration de ma femme pour Jouret auraient dû m'alerter. Mais je leur faisais une confiance aveugle. La confiance que porte un mari à la femme qu'il aime depuis près de quarante ans. La confiance d'un père envers son plus jeune fils. Comment aurais-je pu croire qu'ils m'avaient berné, bafoué, trahi ? Édith avait le mensonge en horreur. C'est pour ça qu'on l'avait appelée « le Bélier » dans sa jeunesse. Pour moi, elle était toujours « le Bélier ». Qu'on vienne l'accuser de quoi que ce soit sous prétexte qu'elle avait vaguement croisé l'autre charlatan ! Qu'on vienne...

Ce 9 octobre 1994, nous nous faisons face comme deux clans qui s'affrontent. Cela fait près d'une heure que ça dure. Avec Édith et Alain, nous serrons les rangs. Les journalistes de *L'Express* insistent. C'est usant. Que disent-ils ? Qu'ils savent des choses. On s'en doutait. Que la police, aussi, sait des choses. C'est déjà plus inquiétant.

– Quel genre de chose ?

– Votre femme et Jouret...

– Oui, quoi ?

Pour la dixième fois, Édith répète qu'elle le connaissait comme ça, sans plus. Maintenant, ils veulent savoir où est Patrick. Allons bon...

– Lui aussi, il est sur les listings...

– Quels listings ?

– Les listings de la police. Tous les survivants de la secte ont été placés sous surveillance...

Édith hoche doucement la tête. Alain la regarde presque gentiment :

– Ils ont raison, maman. Si tu sais des choses, il faut que tu parles. Je t'en supplie, dis-nous !

À l'heure du déjeuner, les deux journalistes décident de nous laisser seuls. Leur travail de sape commence à produire ses effets. Édith marche de long en large dans le jardin. Elle se parle à voix basse. Je distingue quelques mots : « Je ne veux pas aller en prison... Je ne veux pas... » Je m'approche d'elle. Je ne me sens pas le courage de lui dire tout le mal qu'elle me fait. J'ai envie de la protéger. De la serrer contre moi. Je sens qu'elle tremble.

Alain a décidé d'appeler Patrick. Son frère est à Genève. Il lui dit de nous rejoindre immédiatement. Patrick rechigne. « Si tu n'es pas là dans trois quarts d'heure, hurle Alain, c'est moi qui viens te chercher ! » À table, il y a de longs moments de silence. Personne n'a faim. Édith préfère se taire tant que Patrick n'est pas là. Ils s'expliqueront ensemble.

– C'est mieux comme ça, ajoute-t-elle.

– Mais tu étais vraiment dans cette secte ?

Elle me foudroie du regard, comme si je venais de lui manquer de respect :

– C'est pas une secte !

Je n'ai pas réfléchi longtemps. Dans ma vie je n'ai jamais douté, mais cette fois la situation m'échappait. J'ai demandé l'avis d'Alain. Nous étions d'accord. Il fallait crever l'abcès au plus vite. Ne pas attendre que la police débarque chez nous avec un mandat de perquisition. S'il le fallait, demain j'irais au commissariat. Avec la presse, je jouerais la transparence. Je raconterais ce qui s'est passé ce dimanche. Que nous ignorions tout jusque-là. Que ma femme et mon fils ne sont pas des assassins, qu'ils n'ont tué personne, qu'il faut les laisser tranquilles. Ils sont seulement coupables d'avoir cru à une chimère.

Tant pis pour le nom des Vuarnet, tant pis pour l'entreprise, et tant pis pour moi. Nous ne dissimulerons rien. Se cacher serait le pire des réflexes. Et puis c'est une question d'amour-propre. Je ne veux pas me dérober, je veux savoir.

Les journalistes sont revenus. Patrick arrive presque en même temps qu'eux. Il a les joues en feu, le regard fiévreux. Je propose à tout le monde de s'installer. J'ai préparé ma pipe et je m'assois dans le fauteuil, près de la cheminée. C'est à Patrick de parler. J'écoute.

– Avec maman, nous faisions bien partie de l'Ordre du Temple solaire, attaque-t-il comme s'il avait préparé son discours. Maman y est entrée la première, il y a quatre ans. Je l'ai suivie. Notre seul devoir, c'était la règle du secret. Aujourd'hui encore, ce n'est pas facile d'en parler. Au sein de l'Ordre, nous appartenions à l'élite : le cercle doré. La plupart des cinquante-trois victimes étaient des membres du cercle doré. Moi-même, par moments, je me suis senti très proche du sacrifice. Jo Di Mambro était notre maître, Jouret notre instructeur. Nous avions de nombreux rituels. Les plus importants se déroulaient les nuits de pleine lune. Nous nous retrouvions dans un chalet et chacun apportait des victuailles, des gâteaux, du jambon, du champagne, car après chaque séance nous prenions ce que l'on appelait une agape.

– Les rituels ? demande un des journalistes.

– J'y viens, reprend Patrick. L'essentiel pour nous, c'était d'être opératifs. Le corps humain a un potentiel. Il possède trois centres : l'esprit, le cœur et le corps physique. Ces trois centres doivent fonctionner simultanément. C'est une question de verticalité. Il faut être relié avec le cosmique...

Mon fils semblait réciter une leçon trop bien apprise. Il employa tout le long de son exposé le même ton monocorde. Il paraissait presque agacé lorsque nous le reprenions sur une expression qui nous échappait. Opératifs... Verticalité... Tout cela était incompréhensible. Et quel sérieux pour énoncer de telles foutaises ! J'étais glacé par ses aveux. Incrédule devant l'aplomb d'Édith qui restait muette à ses côtés. Ma femme ne m'avait pas lancé un regard depuis le début de cette confession. Pas un mot de contestation... J'ai cru un instant que ma vie s'écroulait. Un instant seulement. En même temps, j'avais envie de me battre. De cogner. De leur ouvrir les yeux. Tout ce fatras ésotérique était tellement risible ! Oui, mais voilà : il avait fait cinquante-trois morts. La police enquêtait, on évoquait d'éventuelles complicités. Et puis *L'Express* allait publier un article. Les autres journaux allaient prendre le relais. On ressortirait des archives des vieilles photos d'Édith. J'avais l'habitude des journalistes. Je ne les avais jamais craints. Je savais comment m'y prendre : Squaw Valley, Avoriaz, l'expérience italienne... C'était loin tout ça. Pourquoi avoir lutté durant toutes ces années ? Il fallait que je m'accroche. Je savais que je pouvais compter sur Alain pour m'aider. Pas un seul instant je ne l'avais vu faiblir. Il a le caractère trempé des Vuarnet. Et Pierre ? Que penserait-il en apprenant la nouvelle à Sainte-Maxime ? Demain, je lui téléphonerais. Au moins, il ne sera pas surpris en découvrant le portrait de sa mère dans les journaux... Mon grand-père me répétait toujours la même phrase lorsque j'étais petit : qui veut, peut. À l'époque, je ne suis pas sûr d'avoir compris ce que ça voulait dire. Malgré tout, cet adage ne m'a jamais quitté. Chaque fois que j'ai connu des coups durs, j'y ai repensé : qui veut, peut. Pour l'heure, ce que je voulais, c'était aider les miens à sortir indemnes de ce film d'horreur. J'ai cru, de toutes mes forces, que je le pouvais.

Alain. *Avec Véronique, nous parlions souvent de maman. J'avais remarqué ses sorties de plus en plus fréquentes. Elle semblait avoir la tête ailleurs. Ma femme et moi, nous en sommes arrivés à la conclusion qu'elle avait peut-être un amant. Véronique s'était souvenue qu'elle lui avait parlé d'un homme, un médecin très beau qu'elle avait connu lors d'une conférence. Un jour, je lui ai posé la question franchement. Je lui ai parlé comme mon père ne l'aurait jamais fait. « Maman, est-ce que tu as quelqu'un d'autre ? » Elle m'a répondu que non. On en était resté là. Plus tard, il m'est arrivé de repenser à cette discussion. Avec toujours la même interrogation : ce médecin si beau n'était-il pas Luc Jouret ? Le 9 octobre, j'étais sans réactions, assommé par les aveux de Patrick. L'attitude presque placide de mon père ne m'étonnait pas. C'est une de ses caractéristiques : je l'ai souvent vu s'énerver pour des conneries, mais il a toujours été d'un calme olympien en cas de coup dur. Deux scènes illustrent assez bien cette aptitude à contenir ses plus vives émotions. La première fois, j'étais enfant. Nous jouions aux cow-boys et aux Indiens avec Pierre. J'ai glissé, et je suis passé à travers une fenêtre. Il y avait du sang partout sur mon visage, sur mes vêtements. Je suis allé voir mon père en hurlant. Il était au téléphone. Il m'a regardé. Puis, comme si rien ne s'était passé, il m'a juste dit posément : « Attends une seconde, je suis au téléphone. » Et il a repris le cours de sa conversation là où il l'avait laissée. Une dizaine d'années plus tard, nous avons eu un accident de voiture, Véronique et moi. Elle conduisait sans permis. Nous sommes sortis de la route dans un virage, à quelques centaines de mètres de la maison. La voiture s'est retrouvée sur le toit, au fond du fossé. J'ai couru jusqu'à Squaw Peak. J'étais complètement affolé. Je pensais que mon père serait furieux, qu'il allait me traiter d'irresponsable. J'ai pris mon courage à deux mains pour lui exposer la situation. Il ne m'a pas fait la moindre remarque. Il ne m'a rien dit. Il est descendu à la cave chercher une corde. Sans un mot. En remontant, il a croisé Véronique. Je crois que ses seules paroles ont été : « Allez vous coucher, je m'en occupe. »*

Maintenant, Patrick décrit les rites de la secte dans leurs moindres détails. Un type raconterait ça dans une émission de télé, je rirais un bon coup et je tournerais le bouton. Là, j'encaisse.

– Nous portions des capes, que nous appelions des talares, et des médailles de Templiers. S'il le désirait, Jo Di Mambro pouvait nous convoquer sur un simple coup de fil à n'importe quelle heure. Le mot de code était, par exemple, « buffet froid ». Où que nous soyons, nous devions sauter dans nos voitures et accourir au sanctuaire de Salvan. Le sanctuaire était une grande pièce sans fenêtre, aux murs tapissés de velours rouge. On se plaçait à chaque extrémité d'une étoile à cinq branches et on lisait un livre à tour de rôle...

Je le coupe sèchement :

– Et les cinquante-trois morts, bon sang !

– Jouret disait que le corps part, mais que l'esprit reste. Il disait que la mort n'était qu'un passage et que, durant ce passage, il fallait rester debout. Je suis sûr que les gens qui sont partis avaient le sentiment d'être des élus. Ils étaient prêts pour le transit. C'est horrible, mais c'est comme ça. Selon les théories de l'Ordre, l'au-delà figure un monde meilleur. Jouret était persuadé que, sur terre, l'apocalypse est pour demain. Moi aussi, papa, j'aurais pu faire partie des cinquante-trois... Je pensais appartenir à l'élite du mouvement, mais je n'ai pas été convoqué. Et maman non plus. Aujourd'hui, je ne réalise pas tout. Je suis sous le choc. Je suis conscient, tout de même, qu'on a eu beaucoup de chance...

Ensuite les journalistes posèrent des questions sur les circonstances du drame : les sacs-poubelles dans lesquels étaient enfouis les visages des victimes, les impacts de balles... Tout cela n'allait pas forcément dans le sens d'un suicide collectif vécu comme une libération, c'est le moins qu'on puisse dire. Patrick expliqua qu'il n'était sûr de rien. Il n'avait pas prétendu que toutes les victimes étaient consentantes. Il pensait seulement qu'elles étaient psychologiquement préparées à l'idée de la mort. De là à passer à l'acte, il y avait une marge : le scénario avait dû déraper.

L'imminence de l'apocalypse était devenue une

obsession chez Jouret. Ces derniers temps, Patrick avait vaguement entendu parler de dissensions au sein de l'Ordre. Des problèmes d'argent, notamment. Mais il ne voulait pas croire à une vaste supercherie. Il se refusait à envisager que la « philosophie » du mouvement ait pu être à ce point dévoyée.

– Si Di Mambro et Jouret n'ont pas péri avec les autres, conclut-il, c'est que je me suis fait avoir sur toute la ligne.

Édith était restée en retrait de la discussion. Elle s'était contentée de murmurer deux ou trois réponses lapidaires à nos questions. Elle trouvait qu'elle avait atteint, grâce aux enseignements de Jouret, « une dynamique et un état d'esprit ». Elle avait été amenée à intégrer l'Ordre du Temple solaire par le biais de ses conférences et de réunions, en petit comité, dans les cercles ésotériques de Genève. Non, elle n'avait pas donné d'argent à la secte, à l'exception d'une cotisation dérisoire chaque année. Enfin, si ! Puisque les journalistes insistaient, elle se souvenait maintenant qu'elle avait fait un chèque une fois. Une somme pas très importante : environ dix mille francs, elle ne se rappelait plus exactement.

La nuit tombait sur Morzine. Les journalistes de *L'Express* décidèrent de raconter cette journée le plus fidèlement possible. En arrivant à Squaw Peak, ils pensaient sans doute trouver une famille aux abois. Ils s'étaient rendus à l'évidence : je n'étais au courant de rien. Depuis des années, ma femme et mon fils faisaient partie de l'Ordre du

Temple solaire, et je ne le savais pas. Alain et Pierre non plus. J'étais soulagé d'apprendre, a posteriori, qu'ils avaient échappé de justesse à la mort. Je ne comprenais pas comment, à mon insu, ils avaient pu mener cette existence parallèle et apparemment si enrichissante.

Édith et Patrick avaient tout. Pourquoi avaient-ils eu besoin de « ça » ?

L'heure n'était plus aux questions métaphysiques. Il fallait agir. C'était une course contre la montre. Il était temps de désamorcer la bombe. Cette mission allait pendant des semaines mobiliser mon énergie. J'en oublierais provisoirement les affaires, même si mon combat était vital pour l'entreprise. J'en oublierais, aussi, de discuter à cœur ouvert avec ma femme et mon fils. On verrait ça plus tard. L'urgence était ailleurs. Je n'allais pas nous laisser démolir comme ça.

Le lundi matin, à la première heure, j'ai appelé mon avocat, Me Botgé. Je lui ai expliqué en détail tout ce qui s'était passé la veille. Comme je m'y attendais, il m'a conseillé d'envoyer Édith et Patrick à la Sûreté de Genève pour témoigner. L'audition s'est plutôt bien déroulée, même si elle ne s'acheva qu'à 23 heures. En voyant revenir Édith, je fus rassuré. Elle semblait presque décontractée.

Les deux inspecteurs, l'un de la Brigade criminelle, l'autre du service des Investigations spéciales, n'avaient pas cherché à les pousser dans leurs derniers retranchements. Ils s'étaient livrés pendant près de huit heures à un tour d'horizon assez complet sur les personnalités de Jouret, de Di Mambro et des principaux membres de la secte. Ils avaient cherché à en savoir plus sur la chronologie des événements. J'appris plus tard qu'ils avaient la conviction que Patrick avait connu une ascension fulgurante au sein de l'Ordre du Temple solaire. Édith, visiblement, les intéressait moins.

On demanda à Patrick son emploi du temps de la semaine précédente. Il précisa qu'il avait rencontré Jo Di Mambro pour la dernière fois, le vendredi 30 septembre, dans un restaurant de Territet, à côté de Montreux, où les dignitaires du mouvement avaient leurs habitudes. Édith resta plus évasive. C'était sans importance. À l'issue de cette audition, comme pour sceller leur parfaite collaboration, Patrick et les deux policiers allèrent dîner dehors.

Le lendemain matin, mon avocat m'a téléphoné. Patrick devait à nouveau retourner dans les locaux de la Sûreté. Il s'agissait d'une simple formalité, avait-on dit à Me Botgé. Juste une photo et une prise d'empreintes pour compléter le dossier des policiers. Patrick est parti là-bas en sifflotant. J'étais satisfait de le voir participer à l'enquête de si bon cœur. C'est là que l'affaire a redémarré.

Trois jours après le massacre, la plupart des grands journaux parisiens, suisses, mais aussi Charles Pasqua, ministre de l'Intérieur, avaient reçu un pli anonyme. Cette enveloppe contenait plusieurs feuillets dactylographiés : le testament de Luc Jouret et Jo Di Mambro. Il contenait divers titres et annotations surréalistes : « Transit pour le futur », « Rose-Croix », « À tous ceux qui peuvent encore entendre la voix de la sagesse, nous adressons cet ultime message ».

Voici, si j'ose dire, quelques morceaux choisis :

« Notre transition consciente et volontaire entraîne avec elle tous ceux qui se partagent notre noble héritage et acceptent en eux le feu christique d'une façon vivante. Selon un décret émanant de la Grande Loge blanche de Sirius, nous avons fermé et fait éclater volontairement tous les sanctuaires des maisons secrètes afin qu'elles ne soient pas profanées par des imposteurs et des ignorants. Nous quittons cette terre pour retrouver en toute lucidité et en toute liberté une dimension de vérité et d'absolu, loin des hypocrisies et de l'oppression de ce monde, afin de réaliser le germe de notre future génération. Ainsi les prophéties s'accomplissent selon les Écritures et nous n'en sommes que les humbles et nobles serviteurs. Appartenant depuis toujours au règne de l'Esprit, nous incarnant sans rompre le lien subtil qui unit la créature au Créateur, nous rejoignons notre demeure. Toutes les preuves nous furent données durant notre incarnation pour authentifier la véracité de notre démarche. Certains penseront à un suicide ou à une lâcheté face aux difficultés, d'autres à une dépression durant les épreuves dont chacun fut accablé, ils se trompent. Nous laissons la preuve que notre transit aura été vécu dans la joie et la plénitude, qu'il s'est effectué dans la discrétion, la connaissance vécue d'une science exacte et en accord avec les règles naturelles de la Matière et de l'Esprit qui sont une en vérité [...]. La situation planétaire actuelle échappe à tout contrôle humain. Le refus d'un processus de mutation accélérée engendre la dégénérescence de toutes les valeurs religieuses, familiales, sociales, politiques, économiques, policières [...]. Toutes les forces positives et créatrices sont jugulées. L'homme est devenu un loup pour l'homme. Incapable de se respecter lui-même et de respecter la Nature, il récoltera le fruit de sa propre déchéance [...]. Les Frères aînés de la Rose-Croix et leurs adeptes, assimilés à tort à des sectes manipulant des forces dites noires, agirent selon des paramètres qui ne sont pas de ce monde. Ils ont tout tenté pour assumer et maintenir l'équilibre des Forces qui aujourd'hui ne peuvent plus être contenues : le nombre des porteurs, conscients et responsables, diminuant à mesure que la race s'abâtardit... »

J'arrête. Il y en a encore des tonnes comme ça. Je voulais seulement insister sur « l'enseignement » qui avait été celui reçue par Édith et Patrick pendant des années.

Pour tout dire, sur le moment, je n'ai pas prêté beaucoup d'attention à ce charabia. Mais les médias en ont fait grand bruit. Quant au ministre de l'Intérieur, on peut penser qu'il a moyennement apprécié cette provocation posthume. Lorsque Patrick, ce mardi 11 octobre, est sorti du laboratoire de l'Identité judiciaire, un inspecteur qu'il ne connaissait pas lui a adressé la parole :

– Une petite question : vous possédez un téléphone portable ?

Oui, mon fils avait un téléphone portable.

– Alors, suivez-moi.

Le policier lui demanda si, par hasard, il n'avait pas reçu un coup de fil le 5 octobre au matin, alors qu'il se trouvait au guichet du bureau de poste des Eaux-Vives, à Genève. Patrick confirma. Il confirma tout. Le portrait-robot que les policiers venaient d'établir grâce au témoignage d'une employé de la poste ne servirait à rien. Il était assez ressemblant pourtant. Mon fils était bel et bien l'expéditeur des trois cents testaments du Temple de l'Ordre solaire...

Patrick rallia la prison de Fribourg en fourgon cellulaire. Il y resta quatre jours, le temps pour le juge Piller de lui arracher encore quelques informations. C'est ainsi qu'il raconta que Di Mambro l'avait également chargé d'envoyer un mandat de dix mille dollars canadiens à sa fille, qui vivait du côté de Montréal. Mon fils lâchait tous ces renseignements au compte-gouttes. Il finit par reconnaître que sa mère et lui s'étaient rendus trois fois à Salvan, dans la journée du 4 octobre, pour chercher des véhicules appartenant à des amis de Jouret. Ils les avaient restitués aux différentes agences de location d'où ils venaient, pour obéir à l'ordre que leur avait donné Di Mambro. Le grand départ des adeptes du Temple solaire ne devait laisser aucune trace. Patrick expliquera à notre avocat qu'il avait agi machinalement. Sa relation avec Di Mambro, dira-t-il, était d'ordre affectif. Depuis plusieurs mois, il ne lui refusait rien. On ne pouvait rien refuser à Di Mambro si l'on voulait grandir dans l'Ordre. Et Patrick, c'était maintenant une certitude, avait grandi très vite.

À l'époque, je pensais que ces quatre jours seraient les plus éprouvants de mon existence. Avec Alain, nous ne vivions plus. Édith se réfugiait dans une méditation quasi permanente. En quelques occasions, je me suis demandé jusqu'à quel point Patrick pouvait être impliqué dans cette horreur. Les circonstances des massacres de Cheiry et de Salvan n'étaient pas toutes élucidées : loin de là. On recherchait d'éventuels commanditaires. Je m'attendais au pire.

Je ne savais plus s'il fallait avoir peur de la police, de la presse ou des gens de la secte. Nous étions persuadés que tous nos téléphones étaient placés sur écoute. Alain et Véronique continuaient de chuchoter même lorsqu'ils étaient en voiture. J'ai demandé à Édith de faire le ménage dans notre maison de Sionnet. Elle a allumé un grand feu dans le jardin. Puis elle y a jeté ses capes de cérémonie, ses cassettes et la plupart de ses livres. J'ai moi-même déchiré le portrait d'un Jésus extasié sur fond de coucher de soleil, qu'elle avait accroché dans sa chambre. J'agissais toujours avec le souci de protéger Édith. De nous protéger. Je n'avais plus que des réflexes d'autodéfense.

Comme il fallait s'y attendre, les journaux s'étaient emparés de l'« affaire » Vuarnet. La confession de Patrick devant les deux journalistes de *L'Express* était loin. Elle s'était conclue par une sorte d'acte de contrition plus ou moins spontané. Mon fils s'était déclaré prêt, désormais, à militer dans une association anti-secte. Pour tout dire, nous lui avions un peu soufflé l'idée. Il fallait remonter la pente. Rassurer nos licenciés dans le monde entier. Très vite, pourtant, les aveux successifs de Patrick avaient anéanti ce noble discours. Tout était à refaire.

Dans la précipitation, la presse multipliait les amalgames. Un jour, Alain a été présenté comme un membre éminent de l'Ordre. Il avait même été, selon une dépêche, remis aux autorités fribourgeoises, menottes aux poignets. À cette heure-là, il déjeunait dans un restaurant de Genève avec l'un de nos distributeurs italiens. Le temps de démentir la nouvelle, sa secrétaire avait reçu une centaine de coups de téléphone de clients affolés : la radio avait déjà repris l'information.

Cela ne suffisait pas. Je fus moi-même l'objet d'un portrait assez surprenant de la part d'une agence de presse. Je cite : « Depuis sa victoire à Squaw Valley, Jean Vuarnet s'est retiré dans ses montagnes. Il s'en évade parfois pour de longues sorties en mer. Solitaire, à la limite du mysticisme, selon son entourage, il aime fuir le monde... » À ce compte-là, ce n'était vraiment pas la peine que je passe dix heures par jour au siège de ma société. À ce compte-là, je n'allais pas tarder à vraiment fuir le monde.

Je suis allé récupérer Patrick à sa sortie de prison, le vendredi 14 octobre, en fin d'après-midi. Il m'est tombé dans les bras. Je crois que ses premiers mots furent pour me demander s'il n'avait pas fait trop de dégâts dans la famille. Je lui ai répondu que non. Qu'il fallait oublier. Que le gros de la tempête était derrière nous.

Alain. *Mon père n'a jamais su montrer ses sentiments. Il n'a jamais su dire : « Je t'aime », ni à sa femme ni à ses enfants. Dans ces moments-là, il n'a pas su employer les bons mots. Le plus souvent, il préférait se taire. Quand il est allé chercher Patrick à Fribourg, cela s'est passé sans effusions ni grandes résolutions. Il ne voulait pas lui faire la morale. J'ai toujours été beaucoup plus direct avec mon frère. Il m'est arrivé plus d'une fois de le secouer. « Il y a eu cinquante-trois morts, Patrick, c'est dément. On peut faire bouger les choses autrement dans la vie. Si c'est si beau, ton truc, pourquoi tu n'en fais pas profiter tout le monde : papa, Pierre, moi ?... » Ça ne changeait pas grand-chose. Patrick me disait qu'on ne comprenait rien. Mais au moins j'avais essayé.*

Nous avons passé le week-end en famille à Squaw Peak. Puis, très vite, j'ai décidé de prendre une semaine de vacances. Édith et Patrick m'ont suivi. À Juan-les-Pins, nous avons retrouvé notre bateau. Je n'ai pas eu la force de mettre les voiles. Nous sommes restés au port pendant cinq jours. Patrick est allé jouer au golf dans l'arrière-pays. Je suis parti aux champignons avec Édith, Pierre, sa femme Dominique et leurs enfants Yann et Quentin. Pour le reste, je ne me souviens de rien.

6
Patrick

Le moment est venu de vous parler de Patrick. Je l'ai aimé comme j'ai aimé mes deux autres fils. À ma manière. Avec mes absences, mon aura de patriarche et mes emportements. Je n'ai sans doute pas été parfait. Édith non plus. Patrick n'était pas un enfant facile. J'ai pensé que la vie se chargerait de l'endurcir, qu'il ne commettrait jamais deux fois les mêmes erreurs. J'ai toujours préféré la pratique à la théorie. J'ai cru aussi que nos vacances en Espagne, nos virées en mer suffiraient à créer entre nous ce lien, cette complicité, que nous savions fragiles. Patrick avait la tête ailleurs. Il voulait tracer sa propre voie. Je n'ai pas voulu l'en dissuader. J'ai l'impression de lui avoir donné toutes ses chances. Il était né sous une si bonne étoile.

C'était à Grenoble, en 1968, lors des Jeux olympiques d'hiver. À l'époque, j'avais été engagé comme consultant sur RTL. J'étais chargé, avant chaque course, de repérer les principales difficultés du parcours. Les reportages s'effectuaient en direct : skis aux pieds, casque émetteur sur la tête.

Ce jour-là, je venais de dévaler la piste des dames. Je m'apprêtais à rendre l'antenne quand l'animateur, depuis son studio parisien, m'a crié dans les oreilles : « Coupez pas, Jean... Nous avons un télégramme à vous lire : ça y est, vous êtes l'heureux papa d'un petit Patrick... » Au village olympique, ce fut la fête toute la nuit. Tous mes amis avaient été sensibles au symbole : Patrick avait vu le jour en plein JO. Huit ans après Squaw Valley.

Nous n'avions pas choisi son prénom par hasard. Neuf mois plus tôt, j'avais emmené Édith visiter l'Irlande dans une vieille carriole tirée par un cheval. Nous achetions des œufs et du bacon au gré de nos escales dans les fermes. C'était un voyage à l'ancienne. Bourré de charme. Lorsqu'elle est rentrée chez nous, ma femme en a ressenti une certaine nostalgie. Elle avait été frappée par la beauté des paysages, ce décor vallonné, d'un vert foncé, qui s'étendait à perte de vue. Elle avait surtout été touchée par la gentillesse des gens, avec qui elle communiquait facilement maintenant qu'elle maîtrisait bien l'anglais, qu'elle avait appris pendant un séjour de neuf mois à Londres.

C'est elle, je crois, qui a pris la décision de placer notre fils sous la protection de saint Patrick, l'apôtre des Irlandais. La légende dit que cet homme d'Église détenait une vraie force : il ne cédait jamais aux chimères... Enfant, Patrick était une jolie petite tête blonde. Il avait le cheveu lisse, coupé au bol, mais il manquait de santé. Très tôt, les médecins avaient diagnostiqué chez lui un problème de circulation sanguine. Plus tard, il n'en gardera qu'une séquelle bénigne, mais révélatrice : à la moindre émotion, ses joues devenaient cramoisies. Patrick mangeait peu. Il était beaucoup trop maigre.

Un accident a marqué les premiers moments de sa vie, et a beaucoup frappé sa mère. Il était âgé de dix-huit mois à peine. Nous étions allés voir mon père qui, à cette époque, était gravement malade. Dans l'escalier qui montait à sa chambre, Édith a eu un moment d'inattention. Patrick qui commençait tout juste à marcher s'est aventuré sur la terrasse du premier étage. Lorsqu'elle s'est rendu compte de son absence, ma femme a dévalé les marches. J'ai entendu un hurlement : « Patrick est mort... Il est mort... » Ma femme était penchée au-dessus de la terrasse. Elle sanglotait. Mon fils avait fait une chute d'au moins trois mètres. Ses yeux étaient retournés. Il avait perdu connaissance. À l'hôpital le plus proche, on ne décela qu'un simple traumatisme crânien. Édith, pourtant, ne s'en est jamais totalement remise. Par la suite, son attitude avec Patrick a sans doute été déterminée par cet accident. Elle avait énormément culpabilisé. Elle est devenue possessive, presque étouffante. Elle ne le lâchait plus, le cajolait en permanence, le préservait du moindre risque. Pierre en a ressenti une certaine injustice. Alain, lui, préférait se moquer gentiment de sa mère. Quant à moi, je tentais de jouer les arbitres.

Patrick a toujours menti, c'est comme ça. De ce point de vue là, j'ai longtemps considéré qu'il était l'exact contraire d'Édith. Chez Patrick, le mensonge était une sorte de science. Il inventait des scènes avec un luxe de détails étonnants. Il supportait difficilement qu'on le contredise. J'écris cela avec tristesse : mais aujourd'hui je dois tenter de comprendre les rapports parfois tendus que mon dernier fils a pu entretenir avec nous. Peut-être ne s'est-il jamais senti à la hauteur ? À la hauteur de qui, au juste ? Alain, lui-même, m'a raconté à quel point, par le passé, il avait du mal à me couper la parole lorsque nous étions à table. Il m'a dit que je les impressionnais, que mes enfants me voyaient comme une statue. Ce n'est pas ce que je voulais.

Alain. *De ses trois fils, je suis sans doute celui qui a le moins ménagé mon père. Je l'ai toujours admiré. Mais j'ai essayé aussi, passé un certain âge, de décrypter tous ses défauts pour ne pas les reproduire. Je sais par exemple qu'il a eu tort de délaisser ma mère au moment où elle avait le plus besoin de reconnaissance. Papa n'a jamais compris que l'amour s'entretenait au quotidien. Il m'arrive souvent de faire croire à mes collaborateurs que j'ai un déjeuner d'affaires, uniquement parce que je ressens le besoin de passer une heure ou deux en tête à tête avec Véronique. Papa, lui, ne l'a jamais fait. Il est monolithique. Ses qualités le sont, ses travers aussi. Il faut parfois l'affronter pour se faire entendre. Ce genre de situation s'est produit il n'y a pas si longtemps. Nous dînions en famille à Morzine. À un moment, nous avons parlé des problèmes que posait le skipper de notre bateau. Je savais que mon père l'aimait bien. Nous étions quatre à penser qu'il fallait le virer. Le type ne foutait rien, le bateau était devenu une poubelle. Très vite, le ton est monté. Je n'ai pas voulu céder. J'ai gueulé : « Qu'est-ce que tu préfères à la fin : le skipper ou ta famille ? » Papa est devenu blême. Il s'est levé de sa chaise. Je me suis levé aussi. Il est venu se coller à moi en serrant les poings. J'ai cru qu'il allait me frapper. Je lui ai dit d'ailleurs : « Vas-y, tu veux cogner, eh bien, cogne. Tu vois, chaque fois qu'on n'est pas d'accord, il faut s'écraser. » Maman était partie dans sa chambre en pleurant. Mon père s'est rassis. Il n'a plus dit un mot de la soirée. Le lendemain matin, au petit déjeuner, il nous a annoncé qu'il avait décidé de se séparer du skipper.*

Ces quelques lignes d'Alain me rappellent certains moments difficiles vécus auprès de mon père. Il prenait beaucoup de place, parfois trop ! et il me fallait alors réagir avec une certaine violence pour qu'il comprenne que l'espace vital devait se partager. Cela malgré et, peut-être, à cause de tout l'amour qu'il portait à ses enfants.

Patrick passait son temps à se chercher. Être un « fils Vuarnet » ne lui suffisait pas. Peut-être même cela lui a-t-il pesé ? Il lui fallait inventer sa vie. Sur les photos de famille, dès le plus jeune âge, il avait l'art de se glisser au premier plan, comme s'il voulait voler la vedette à ses deux frères. C'était devenu un jeu. Partout où il passait, il voulait être vu de tous. Devant les autres. Avant les autres. Mais sa seule ascension réelle, c'est au sein de la hiérarchie de l'Ordre du Temple solaire qu'il l'a effectuée.

Peu de temps après son séjour dans la prison de Fribourg, Patrick m'avait écrit pour mon anniversaire :

Cher Papa, bonjour.

Je saisis l'occasion pour te souhaiter bonheur et paix et surtout une santé qui te permette d'avoir l'esprit disponible pour réaliser ce dont tu as envie. Et j'en profite pour te remercier d'avoir su contenir ta colère, que tu as certainement eu envie d'exprimer vis-à-vis de moi à la suite des événements. Merci de m'accepter tel que je suis et d'écouter ton cœur plutôt que ta raison. Je suis heureux qu'il y ait entente car lorsque les convictions et les centres d'intérêt sont différents, quel que soit le contexte, on assiste plus souvent à la guerre qu'à la paix. Nous savons pourtant bien que les excès sont toujours mauvais. Joyeux anniversaire.

PATRICK, le 18 janvier 1995.

Durant son adolescence, Patrick nous a joué plus d'un vilain tour. La première fois que nous lui avons confié le chalet, il a invité des dizaines de copains pour faire la fête. Une semaine plus tard, Squaw Peak était cambriolé. On m'avait fauché des armes de collection. La voiture d'Édith, une Renault-Alpine, avait également disparu. Les gendarmes l'ont retrouvée sur un terrain vague, à moitié détruite. Comme si les voleurs s'étaient acharnés à coups de barre de fer. Je n'ai jamais su si Patrick avait été complice de ces types. En fait, j'ai préféré ne pas le savoir.

C'est vrai, mon fils n'a pas eu que de bonnes fréquentations. L'hiver, Avoriaz attire un monde fou. La jeunesse dorée de Lyon et de Paris, mais aussi les voyous de la vallée. Patrick sortait beaucoup. Il lui arrivait de faire la nouba jusqu'à l'aube. Avec le temps, il avait fini par échapper à sa mère. Édith se rongeait. Elle me l'avait dit. J'ai dû pousser deux ou trois coups de gueule, en vain. Mon fils, maintenant, me regardait de haut. Il avait à peine dix-sept ans.

Patrick était incapable de tirer les leçons de la vie : il récidivait. Un soir, en son absence, nous dînions au chalet. Alain a entendu un bruit de moteur à l'extérieur : des inconnus étaient en train de lui voler sa voiture. Après une brève course-poursuite, les deux types ont préféré abandonner le véhicule dans les rues de Morzine. En rentrant à Squaw Peak, Alain s'est rendu directement dans le mazot de son frère. Patrick s'était couché tout habillé. Il paraissait très essoufflé.

– C'était toi ? lui a demandé Alain.

– Excuse-moi, a répondu Patrick. Promets-moi de garder le secret.

Son frère n'a rien dit. Une semaine plus tard, sa voiture disparaissait à nouveau.

Aucun de mes trois fils n'a fait d'études supérieures. Patrick est celui qui s'est arrêté le plus tôt, en troisième. Il a aussi abandonné le ski de compétition pour se consacrer au golf. Il a cru un temps qu'il deviendrait un grand champion. Je l'avais mis dans les mains de Jean Garaialde, l'ancien numéro un français. Celui-ci l'a poussé à son maximum. Mais Patrick se fatiguait trop vite et ne supportait pas les longues séances de travail qu'on lui imposait. Il était trop velléitaire. Il a baissé les bras.

Alain. *C'est vrai que Patrick, de nous trois, était sans doute le plus « difficile à cerner », comme on dit sur les bulle-*

tins scolaires. Son caractère n'était pas aussi tranché qu'on pourrait le croire. Il n'a jamais eu la notion du bien et du mal. Il dérivait de l'un à l'autre, au gré des circonstances. L'année de ses dix-sept ans, par exemple, il avait pris d'excellentes résolutions. Durant toutes les vacances d'été, il avait demandé à Isabelle, la sœur de Véronique, de lui donner des cours de français car il avait conscience de ses lacunes dans ce domaine. Par la suite, d'ailleurs, il a effectué d'énormes progrès de vocabulaire et d'élocution. Il semblait sur la bonne voie. Dans les semaines qui suivirent, pourtant, nous sommes retombés de haut. Patrick s'est retrouvé en garde à vue au commissariat de Morzine. À la sortie d'une boîte de nuit, il avait accroché une voiture alors qu'il n'avait pas encore son permis. Il s'était enfui au nez et à la barbe des témoins. Lorsque les flics étaient venus le chercher à la maison, il avait l'air presque surpris de toute cette agitation pour une simple « bêtise ». Mais Patrick savait aussi ne pas être taciturne. Il avait beaucoup de succès auprès des filles. Il était drôle, enjoué, charmeur, puis, tout d'un coup, il sombrait dans des humeurs noires. Ses conquêtes passaient par-dessus bord. Jusqu'à ces dernières années, Véronique s'entendait très bien avec lui. Patrick était capable de plaisanter des heures avec ma femme. C'est à elle qu'il avait confié son intention de devenir une sorte de magnétiseur. Il avait suivi quelques stages de « médecine » par imposition des mains. Ça l'avait emballé. Véronique, cette fois-là, l'avait ramené sur terre. Elle lui avait expliqué que ça n'était pas un métier, qu'il ne suffisait pas d'effectuer deux ou trois stages en passant pour se découvrir une vocation. « Ah bon ? » avait seulement répondu Patrick. Puis il était passé à autre chose. Son côté influençable m'avait encore frappé lorsqu'il s'est mis à fréquenter Dominique Bellaton. Il était passé du jean et des baskets à l'élégance stricte d'un contrôleur de gestion. Il portait un costume et ses cheveux étaient soigneusement rejetés en arrière. L'osmose entre les deux était devenue telle qu'ils prenaient un soin extrême à accorder les couleurs de leurs tenues. Patrick était méconnaissable.

Pendant toute sa vie, Patrick a eu besoin d'un « tuteur ». Il y a eu d'abord la période d'Olivier Beauvois, l'ancien directeur du golf d'Évian. Puis Jean-Louis Schneider, professionnel français du golf, Gérard Dequequer, un ami kinésithérapeute rencontré à Avoriaz et qui travaille maintenant à Annecy. Enfin ce fut le tour d'Édith et surtout l'attachement ahurissant à Jo Di Mambro qu'il qualifiera jusqu'au bout de père spirituel.

Rien d'étonnant alors que je me sois senti profondément isolé chez moi.

Je repense soudain à l'attitude que mon père avait eue avec moi. En m'envoyant en pension à Paris, il m'avait peiné. Je sais aujourd'hui qu'il m'avait fait, ce jour-là, un vrai cadeau. De mes trois fils, seul Alain a hérité de mon caractère, de cette confiance absolue dans l'avenir. Néanmoins il a surtout les traits de sa mère. Pierre, mon deuxième, me ressemble plus physiquement. Pourtant, il a traversé ce qu'il appelle une « crise existentielle ». Cependant lui, au moins, a vite compris que la réalité sur terre vaut bien la fiction des « au-delà ».

7
La fêlure

Il m'est souvent arrivé de rentrer tard le soir chez moi, à Sionnet, et d'être surpris par l'odeur d'alcool à brûler qui régnait dans toutes les pièces de la maison. Je n'ai jamais vraiment cherché à savoir d'où cela pouvait venir. Édith avait toujours été une maniaque du rangement et de la propreté. Je pensais qu'elle avait, une fois de plus, nettoyé les vitres ou quelque chose comme ça. En fait, j'avais d'autres soucis que celui-là. J'étais fatigué par l'âge, le poids des responsabilités, le boulot, les heures passées à négocier un contrat, une licence, un brevet. Comme dans les milieux du prêt-à-porter, Alain, Pierre et moi devons sans cesse préparer la saison suivante. Nous sommes contraints d'anticiper les modes, ou du moins de les suivre au plus près. La moindre erreur d'appréciation nous serait fatale. C'est une véritable angoisse. Une angoisse de tous les instants. À cette époque-là – je parle de cette période où les effluves d'alcool à 90° me piquaient le nez –, notre société s'était lancé un nouveau défi. Produire et distribuer une ligne de montres haut de gamme, équipées de boussoles, d'altimètres et de chronos ultra-performants. Nous y avions investi toute notre énergie et l'essentiel de mes capitaux. Notre réussite était une question de vie ou de mort pour l'entreprise. Ce pari, nous l'avons gagné. J'en connais, aujourd'hui, le prix. Toutes ces années-là, fin 80, début 90, je n'ai pas fait preuve d'une grande disponibilité envers ma femme.

Il aurait suffi, par exemple, que je l'interroge sur cette odeur entêtante qui flottait dans la maison pour m'apercevoir qu'elle ne nettoyait pas seulement les vitres à l'alcool, mais aussi les moindres poignées de porte, les sanitaires, et même la vaisselle. Édith ne faisait plus le ménage dans la maison, elle la désinfectait en permanence. C'était, parmi beaucoup d'autres, une des règles fondamentales imposées par Di Mambro et toute sa clique. Aux yeux des fanatiques du Temple solaire, la pureté, la blancheur immaculée, était la condition sine qua non pour être admis un jour dans le saint des saints. C'était une obsession, une guerre quotidienne. Comme tous ses amis, ma femme traquait les bactéries, les microbes, les mauvaises ondes qui sévissaient selon elle jusque dans notre réfrigérateur. Elle avait engagé une femme de ménage, Isabelle, qu'elle soumettait, chaque jour, à un véritable parcours du combattant. Ma femme, si douce en temps normal, était avec elle d'une rare intransigeance. Nous étions tous à la même enseigne. Un misérable citron devenait une sorte de bombe chimique. Édith pouvait piquer une crise, si elle découvrait que je ne l'avais pas emballé sous cellophane. Je préférais en rire. Aujourd'hui, je m'en mords les doigts. Tous ces rites étaient autant d'indices que je n'ai pas su déceler à temps. Par la suite, mais il était déjà trop tard, j'en découvrirai la liste au gré des multiples articles de journaux consacrés à la secte. Il y avait de quoi tomber par terre. Pendant des années, plus ou moins en cachette, ma femme avait parlé aux légumes lorsqu'elle les épluchait. Le chiffre 7 régissait ses plus petits gestes. Elle lavait sept fois la salade, la tournait sept fois avant de la servir. Quand elle devait s'adresser à nous pour la moindre demande, elle était contrainte à formuler sept fois sa requête mentalement avant de l'exprimer. Et ainsi de suite... J'apprendrai encore que les disciples de l'Ordre ne saluaient pas n'importe qui, n'importe comment. Avant de serrer la main à un étranger, il fallait respecter une très longue période d'observation afin de s'assurer qu'il était porteur d'énergies positives. Édith ne concevait pas non plus que les autres – nous, en l'occurrence... – puissent lui tendre une tranche de pain en toute simplicité. Il fallait lui passer la corbeille, sinon...

Je n'ai rien vu de tout cela. J'étais sans doute prisonnier d'une certaine routine conjugale. J'étais aussi l'otage de mon emploi du temps. Il y avait mes longues absences ou mes départs précipités. Durant des années, j'ai voyagé à travers le monde. J'ai passé mon temps à sauter d'un avion à l'autre. Cette vie d'homme pressé, de businessman autodidacte n'était sans doute pas l'idéal pour Édith et les enfants. Je repense à Avoriaz et aux réunions de chantier qui se tenaient en permanence dans notre chalet. Je repense à mon aventure italienne et aux quatre-vingt mille kilomètres par an que j'effectuais en voiture. Je repense, en fait, à toutes ces années où j'étais sûr de construire l'avenir des miens. Je me suis laissé griser par le travail. Je n'ai pas été suffisamment présent auprès de ma femme. J'ai toujours cru que les autres partageaient les mêmes vertus que moi. Qu'ils étaient de la même trempe, qu'ils sortaient du même moule. J'ai toujours réagi avec force face aux événements contraires. J'ai toujours affronté la tempête avec calme. L'image est un peu facile, mais je pense avoir mené ma vie comme un schuss. La tête rentrée dans les épaules. En laissant le moins de prise possible aux turbulences. Édith admirait ma puissance de travail. Elle en souffrait aussi. Elle me soutenait dans tous mes combats. Et, dans ces moments-là, je n'ai pas su me rendre compte qu'elle encaissait en silence. Je n'ai jamais eu d'états d'âme. Édith, si. Elle était capable d'arborer cette gaieté de façade qui est le propre des grands angoissés. J'étais celui qui la connaissait le mieux, et pourtant je n'ai pas su lire au fond de ses yeux. Je n'ai pas de leçon à donner, mais si je devais fournir un conseil à tous ceux qui liront ce livre, ce serait celui-ci : méfiez-vous du temps qui passe ! Prenez garde aux apparences ! Je me suis sans doute laissé aveugler par tous les signes extérieurs de notre réussite. Nous avions de l'argent, des belles maisons, des enfants charmants, des bateaux de rêve. Ma femme était une épouse parfaite. Belle comme le jour, souriante, disponible, courageuse, maternelle. Imperceptiblement, elle s'est mise à changer. Et je n'ai pas vu venir le danger. Méfiez-vous...

Un jour, nous avons décidé de nous installer dans la région de Genève. Il y avait toutes sortes de raisons de venir habiter en Suisse : la proximité d'un aéroport international, les grandes banques, les salons professionnels... Et puis aussi la quiétude légendaire des bords du lac Léman. Morzine était devenu trop petit pour nous. J'avoue que la Suisse me semblait être un décor idéal pour savourer les fruits de notre patiente ascension. J'ai appris à mes dépens que la carte postale avait son revers. Genève n'est pas seulement la capitale des hommes d'affaires, c'est aussi le lieu de prédilection des sociétés ésotériques. Le creuset dans lequel se retrouvent les « allumés » de tout bord : les orientalistes, les guérisseurs, les occultistes et tous les prêcheurs d'apocalypse à la petite semaine.

Peu de temps après notre arrivée à Sionnet, j'ai vu Édith s'épanouir. Je me suis réjoui de constater qu'elle s'intéressait à une multitude d'activités culturelles qui jusqu'à présent l'avaient, pour le moins, laissée de marbre. Ma femme, qui ne connaissait Bach ou Chopin qu'à travers disques et cassettes, s'est soudain transformée en une inconditionnelle des concerts. Elle voulait apprendre le piano. Je lui en ai offert un. Dans la foulée, Édith s'est mise à suivre des cours de dessin. Elle allait au théâtre, à l'opéra et à des conférences. Elle passait des heures dans les livres. Elle qui n'avait jamais réussi à aller au bout du plus insignifiant des romans de gare plongeait maintenant dans des ouvrages hallucinants de complexité et pour tout dire totalement illisibles. Je cite de mémoire : *Les Grands Initiés*, d'Édouard Schuré, *La Vie des Maîtres*, de Spalding... Les titres des bouquins à eux seuls me donnaient la migraine.

Cette époque correspond aux départs de nos enfants. C'est une période charnière de notre vie de famille. Alain a rencontré Véronique, sa future femme. Ils se sont très vite installés du côté de Nîmes, dont Véronique est originaire, et où Alain préparait son monitorat de tennis. Pierre, après avoir vécu quelques années à Paris, est redescendu à Annecy. Là, il a rencontré Dominique, sa femme, notre petite Canadienne que j'apprécie tant. J'ai chargé Pierre de lancer une ligne de vêtements portant notre griffe. Patrick, lui, faisait des allers et retours entre Sionnet et le midi de la France où il accomplissait ses premiers pas de golfeur. Pour toutes les mères, le départ des enfants est un cap difficile à franchir. Édith s'est retrouvée seule dans une maison soudain trop grande. Je partais tôt. Je rentrais tard. Heureusement, il nous restait Squaw Peak et les week-ends à Morzine. Là, la famille se reconstituait provisoirement. Le retour à Sionnet n'en était pour elle que plus douloureux.

Pierre. *Dominique s'est très vite adaptée à la famille. C'était important pour elle de se sentir bien accueillie car elle avait quitté son père, le Québec, sa famille, ses amis pour venir vivre avec moi à Annecy. Il n'y a eu aucun problème, ni avec Jean ni avec Édith, d'autant qu'elles avaient beaucoup de goûts en communs : le sens des belles choses, l'amour de la décoration, du jardinage et de la cuisine. L'arrivée de Yann, notre premier fils, puis de Quentin a été une grande joie pour Édith et elle semblait une grand-mère comblée. Comment imaginer qu'elle aurait pu quitter ses petits-enfants qu'elle adorait, sans un adieu?*

Ni Yann ni Quentin ne savent qu'ils ne la reverront plus et Dominique et moi redoutons le moment où il faudra bien le leur dire. Yann, surtout, qui est en âge de comprendre, réclame souvent Patrick et sa grand-mère.

Édith, jusque-là, n'avait pas beaucoup d'amis dans le voisinage immédiat. Elle recevait les miens, s'entendait à merveille avec eux, mais ses propres relations étaient trop lointaines : Paris, Avignon, l'Espagne... Petit à petit, à Genève, elle commença à multiplier les rencontres, les sorties au restaurant, les dîners chez l'une ou chez l'autre. De temps à autre, j'apercevais de nouvelles têtes à la maison, mais, le plus souvent, elles se voyaient à l'extérieur. J'ai pensé alors qu'Édith comblait de la meilleure des façons mes absences et celles des enfants. La cinquantaine chez la femme – et pourquoi ne pas le dire : la ménopause – constitue une étape cruciale. Il en va de l'équilibre du couple. C'est un virage à ne pas rater. Peut-être parce qu'elle ne peut plus donner la vie, la femme ressent le besoin de s'en construire une autre. Pour elle seule, cette fois. Édith s'émancipait. Je sais aujourd'hui que c'est à cette époque, dans sa quête de connaissance, au cours d'une de ses nombreuses sorties, qu'elle a basculé de l'autre côté. Il a suffi qu'un jour une de ses amies trop zélée lui présente une astrologue en vogue dans le petit cercle des adeptes de l'irrationnel. Ma femme en a fait sa conseillère conjugale, son guide, sa conscience suprême. C'est elle, cette astrologue, ce prophète de malheur, qui lui a présenté le « docteur » Jouret.

Longtemps, Édith avait vénéré le commandant Cousteau. Elle m'en parlait sans arrêt. Elle était, à Genève, l'une des principales sociétaires de sa fondation. Elle me tannait pour que je finance les expéditions de la *Calypso*. Et si je ne donnais pas mon obole, gare à moi ! Je me faisais traiter de tous les noms : radin, égoïste, parvenu... Bon gré, mal gré, j'acceptais d'entendre sa tirade habituelle sur les dangers que court le monde, les effets pervers du progrès, bref tous ces problèmes de fin de siècle auxquels j'étais censé être totalement étranger. La pilule était particulièrement amère dans la mesure où, de mon côté, je n'ai jamais cessé de rouspéter contre tous ces économistes qui prônent la croissance à tout prix, ces experts de la spéculation financière, et tout le bataillon des apôtres de l'argent-roi. À la limite, je regrette ces passes d'armes. Grâce à elles, les dîners étaient animés. Édith s'inquiétait de l'avenir des baleines, de la couche d'ozone, des Chinois, des fourmis rouges, et j'en passe ; ces théories ne reposaient pas sur des bases scientifiques très solides, mais, au moins, elle s'intéressait au sort d'autrui. Puis, brutalement, ma femme a décidé d'abandonner la cause. Je me souviens qu'à l'époque il y avait eu, à Rio, une conférence mondiale sur l'écologie. Édith s'est lancée devant moi dans une grande diatribe : « C'est pas avec ce genre de réunion à la noix qu'on changera le monde ! Pour le changer, il faudrait déjà se changer soi-même. L'important, c'est de travailler sur son corps. » De ce jour, ma femme s'est effectivement repliée sur elle-même. Ce fut le début de la fin.

À l'été 1989, nous sommes partis naviguer en Méditerranée. Édith et moi avions découvert les joies de la voile, il y a plus de trente ans, à l'issue de ma tournée de conférences sur Squaw Valley. C'était en Algérie, tout près d'Oran. Un de mes amis nous avait invités à passer quelques heures sur son bateau. Ce fut le coup de foudre. Un coup de foudre de montagnards, avides de se « réchauffer les os », comme on dit chez nous. En 1989, donc, nous venions d'étrenner notre nouveau deux-mâts, le *Tahoe*, une goélette de près de vingt mètres. Nous avions prévu de rester en mer deux bonnes semaines avec Pierre et Dominique. Au bout de quatre jours, alors que nous nous trouvions à plusieurs dizaines de milles des côtes nord-ouest de la Sicile, ma femme a piqué une crise comme je n'en avais jamais vu. Elle qui avait toujours adoré nos virées en bateau, et les séances de bronzage sur le pont, s'est mise à trépigner. Elle hurlait presque. Il faisait trop chaud ! C'était insupportable ! D'ailleurs, elle ne le supporterait pas une minute de plus... Il a fallu rentrer au port à toute vitesse. Édith a fait ses bagages et a pris le premier avion. J'ai essayé de la retenir, en vain. Lorsque j'ai voulu connaître les causes de ce départ précipité, le visage de ma femme s'est fermé : « Parce que j'ai décidé, c'est tout ! » Elle ne m'avait jamais parlé comme ça.

Ce genre de crise, Édith, par la suite, en connaîtra de plus en plus. Et pas seulement sur le bateau. Je ne compte plus ses sorties impromptues, à n'importe quelle heure. Elle trouvait toujours de bonnes excuses. J'étais agacé, mais je lui faisais confiance. Progressivement, ma femme s'est métamorphosée. Nos passions communes d'autrefois l'horripilaient. Elle perdait de son entrain, de sa fraîcheur. Tout cela se reflétait sur son visage. Son regard n'avait plus le même éclat. Son teint était devenu terne. En quelques mois, elle a beaucoup vieilli. Elle semblait porter le poids de l'humanité sur ses frêles épaules.

J'ai cherché des raisons. Je me suis demandé d'où pouvait venir cette lassitude. Édith avait perdu son appétit. Elle trimbalait une sorte de pessimisme en demi-teinte. Au début, j'ai repensé au terrible accident de voiture qu'elle avait eu avec Alain, en 1979, à l'entrée de Morzine. Il neigeait. Alain est entré trop vite dans un virage. La voiture a percuté un mur. Alain s'en est plutôt bien sorti. Édith, elle, a été victime d'une fracture des vertèbres cervicales. Elle est restée plusieurs mois le cou emprisonné dans une minerve. Elle n'a pas gardé de séquelles visibles de cet accident. Mais, jusqu'à la fin, elle souffrira d'insomnies chroniques. C'est une des raisons qui nous ont conduits à faire chambre à part. En ce qui me concerne, je ne suis pas un gros dormeur. Je regarde la télé très tard, parfois jusqu'à une heure avancée de la nuit. Je suis nerveux. Je me lève pour un rien. C'est moi qui par délicatesse ai fait le premier pas. J'ai déménagé dans la chambre voisine. Il est probable que ce changement d'habitude n'a pas favorisé le dialogue entre nous.

Mais je ne peux pas me raccrocher à cette simple explication. Ma femme a traversé des épreuves beaucoup plus éprouvantes que cet accident de voiture. Elle était issue d'une famille « à problèmes ». C'est un euphémisme. Longtemps Squaw Peak a été le refuge de toutes les âmes en détresse du clan Bonlieu. Édith s'occupait des siens avec une patience de sainte. Elle calmait leurs angoisses, soignait leurs blessures, les confessait. Quand j'y songe, notre chalet, durant toutes ces années, était devenu une sorte de maison de repos. Édith n'en parlait jamais, mais elle était aux premières loges pour juger de la malédiction qui a toujours paru s'acharner contre sa famille.

Tout a commencé avec la mort de François Bonlieu, son demi-frère, en 1973. François Bonlieu était un artiste du ski. Il était aussi un artiste de la débrouille. Il menait sa vie en zigzag. On ne lui connaissait pas de vrai domicile, mais il avait tellement d'amis. C'était un des garçons les plus attachants que j'aie rencontrés. Le cœur sur la main, toujours envie de faire la fête, François n'avait jamais la peur du lendemain. Tout le monde l'adorait, Édith la première. Il a disparu dans des circonstances tragiques.

Une de ses dernières lubies consistait à aller vivre à Tahiti. Je lui avais offert le billet pour Papeete : on ne pouvait rien refuser à François. L'aventure tahitienne a tourné court. Il est arrivé là-bas en pleine campagne contre les essais nucléaires à Mururoa. Un jour, Pierre Mazeaud, mon ami, alors ministre de la Jeunesse et des Sports, m'a téléphoné :

– Dis donc, Jean-Jean, tu sais qui rentre de Tahiti en avion militaire ?

– Non, pourquoi ?

– François. Les gendarmes l'ont ramassé lors d'une manifestation. Je ne sais pas ce qu'il a foutu au juste, il a dû se rebeller. En tout cas, il est à Paris demain, et sous bonne escorte.

J'ai éclaté de rire. Sacré François ! Deux ou trois jours plus tard, j'étais au chalet, quand j'ai vu par la fenêtre de la cuisine son visage apparaître. Il était jovial, visiblement ravi de sa performance. Il m'a raconté comment il avait réussi à échapper à ses gardiens à la descente de l'avion. C'est peu de temps après cet épisode qu'Édith et moi avons appris sa mort. Il était descendu sur la Côte d'Azur. Comme d'habitude, il n'avait pas un sou sur lui. Une nuit, alors qu'il ne savait pas où coucher, il avait fini par squatter le pont du yacht d'un milliardaire italien. Au petit matin, un vigile l'a aperçu. Il a voulu lui donner une correction. L'affaire a mal tourné. François a été retrouvé étendu sur le quai, le crâne éclaté. Lorsque la nouvelle nous est parvenue, nous étions en Espagne. J'ai proposé à Édith de faire un tour sur la plage, je lui ai pris le bras : « François est mort... Je t'expliquerai plus tard... » Édith n'a pas réagi. Nous avons continué à marcher. Elle n'a plus dit un mot jusqu'au soir.

La série noire ne faisait que débuter. Édith

connut d'autres deuils. Le décès de Marie-Pierre, sa sœur diabétique. Et surtout le suicide d'Antoine, un autre demi-frère qu'elle surnommait Poum. Il s'est pendu chez lui à l'Alpe-d'Huez, en 1985, le matin même de l'ouverture de la station. Ce jour-là, tout le monde l'avait cherché. Édith savait que son frère broyait du noir et que les responsabilités que le patron de l'Alpe-d'Huez lui avait confiées au sein de l'école de ski lui semblaient trop lourdes. Ma femme s'est précipitée chez lui. Elle a ouvert la porte de sa chambre : Poum était par terre. Édith était arrivée trop tard. Elle ne se l'est jamais pardonné.

Il y avait pourtant quelques compensations : les enfants de Marie-Pierre, « les Bosson » comme nous disons entre nous, que nous avons toujours considérés presque commes les nôtres. Ils étaient là pour accompagner Édith et Patrick en terre ; Mathilde, la fille de Poum, qui s'essaie à la compétition à ski de haut niveau et dont Édith se sentait un peu responsable. Enfin Karine, la fille de François, que nous avons découverte déjà jeune fille, belle et douce. Elle me rappelle François, qu'elle cherchait à connaître à travers les souvenirs que nous pouvions lui transmettre.

Ma femme a longtemps porté le poids de ces malheurs à répétition. Elle ne le montrait pas. Mais le mauvais œil qui s'obstinait à frapper les siens la travaillait. Édith était le dernier maillon d'une lignée aux destins tragiques. Bientôt, il ne lui est resté que sa mère, Antoinette. Nous l'appelions Nénette. Un tempérament, comme on dit. À quatre-vingts ans, elle était encore capable de danser sur les tables. C'était aussi une fervente du spiritisme et de toutes les manifestations surnaturelles. C'est d'elle qu'Édith tenait depuis sa plus tendre enfance ce goût pour tout ce qui concerne, de près ou de loin, les mystères de la création, de la vie... et de la mort. Elle était persuadée que les extraterrestres existaient pour de bon. Quel ne fut pas mon étonnement, un jour, de l'entendre proposer à Pierre et à Dominique de rouler leurs deux enfants dans l'herbe mouillée afin de les purifier. Il était fréquent, également, de voir Édith marcher pieds nus dans la rosée du matin. Cela la revitalisait, disait-elle.

Nénette lui avait transmis un autre héritage : le zen macrobiotique. Des livres avaient toujours traîné à la maison. Celui, par exemple, de Ohsawa, qui décrit par le menu l'*Art du rajeunissement et de la longévité*. Ma femme appliquait ses préceptes à la lettre. Je n'ai rien contre le régime macrobiotique. En tant qu'ancien sportif l'hygiène alimentaire a toujours été pour moi une préoccupation. Nous mangions sain à la maison. Trop sain, parfois. Les enfants se plaignaient des exigences des régimes dissociés. Quant à mon médecin, il me fit remarquer voilà peu que, si je ne mangeais pas davantage de viande rouge, je risquais de véritables carences. J'estimais à leur juste mesure les mérites d'une telle diététique, mais Édith allait trop loin. Elle en avait fait une religion. Je m'étais battu pendant des années pour lui faire boire de l'eau. Elle ne m'écoutait pas. Soudain, par miracle, elle s'est mise à en ingurgiter chaque jour des litres et des litres. Là où j'avais échoué, il est probable que ses nouveaux mentors, sur un simple commandement, avaient réussi à modifier son comportement.

Bien avant cela, Édith avait toujours eu du mal à discerner la fiction de la réalité. Lorsque nous sortions du cinéma, elle me parlait du film avec de tels accents de sincérité qu'on aurait cru qu'elle avait, elle-même, vécu les scènes. Elle était bouleversée par les histoires qui se terminaient mal. Elle rageait contre tel ou tel personnage qui s'était mal comporté. En fait, elle réécrivait le scénario en y mélangeant ses propres souvenirs, sa propre imagination. Souvent, j'étais obligé de la rappeler à l'ordre. J'essayais de le faire avec humour. Mais Édith n'écoutait pas. Elle était toute à ses songes, plongée dans ses illusions. J'apprendrai plus tard que l'une des techniques enseignées par Luc Jouret à ses disciples était celle du « rêve éveillé ». C'était une espèce de passage obligé pour découvrir le personnage antique qui sommeille au fond de chacun. Quel cirque ! Quelle imposture ! J'ai peine à imaginer qu'Édith se soit sentie dans la peau de je ne sais quelle reine égyptienne. Peu m'importe d'ailleurs de savoir de qui elle était la réincarnation. Je ne sais qu'une seule chose : ma femme était une proie facile. Ils ont abusé de ses faiblesses. Ils l'ont manipulée. Ils ont fini par la tuer.

Édith – on s'en est rendu compte – n'était pas un être très cartésien. Elle était rétive à toute explication scientifique, à toute démonstration rationnelle d'un phénomène. Je me souviens qu'une fois –

obsédée comme elle pouvait l'être par une prochaine apocalypse – elle m'avait assuré que le lac Léman ne tarderait pas à déborder. Que cette soudaine montée des eaux provoquerait un raz de marée qui engloutirait tous les villages avoisinants. À l'écouter, nous qui habitions à Sionnet, sur les hauteurs de Genève, nous étions directement menacés. J'avais beau lui expliquer que, physiquement, sa théorie ne tenait pas debout, elle persistait en se perdant dans une somme de références iconoclastes qu'elle semblait avoir apprise par cœur.

Mis bout à bout, tous ces signes sont accablants. Ils auraient dû m'alerter. Par manque de vigilance, sans doute, parce que je croyais trop bien connaître ma femme aussi, j'ai passé outre. Je ne savais rien des sectes ni de leurs enseignements. Je ne mesurais pas à quel point ces marchands du Temple étaient des personnages cyniques. J'expliquais la fatigue d'Édith comme je le pouvais. En me référant à son passé, à toutes ces bosses qui avaient jalonné son parcours. J'avais tort. Pour leur faire avaler n'importe quoi, Jouret et Di Mambro amenaient volontairement leurs adeptes au bord de l'épuisement. Par les mille et une contraintes qu'ils leur imposaient, ils lessivaient leur corps, leur cerveau, leur énergie. Édith était sans cesse sur le qui-vive. La débauche d'efforts qu'elle fournissait pour tenir sa maison immaculée l'éreintait. La moindre faute de sa part, et c'était ce Paradis, tant de fois promis, qui menaçait de refermer ses portes.

Après le massacre d'octobre 1994, mon ami Pierre Ducis m'a révélé que son épouse, Michèle, devait assister à une conférence de Jouret. C'était une grande copine d'Édith. Ma femme avait sans doute essayé de la convaincre du bien-fondé de ses théories. Finalement, Michèle y renonça. Un jour où Pierre cherchait à voir Patrick, il est descendu dans le sous-sol de notre maison de Sionnet. Là, il a assisté à une scène hallucinante. Édith et Patrick étaient allongés côte à côte, à même le sol. Ils étaient tous deux revêtus de leurs capes de cérémonie. Des bougies brûlaient autour d'eux. Ils avaient les yeux fermés. Ils semblaient plongés dans un état second. Pierre n'a pas voulu les interrompre. Il est reparti sur la pointe des pieds, d'autant plus surpris qu'il avait encore en mémoire ce merveilleux voyage autour du monde que nous avions effectué ensemble, en Thaïlande, en Indonésie, en Polynésie, à l'occasion de leurs dix ans et de nos vingt ans de mariage. C'était en 1978. Depuis toutes ces années, notre amitié n'avait jamais failli, mais tout à coup, Pierre, le parrain de Patrick, ne reconnaissait plus ni son filleul ni son amie.

Pierre Ducis n'a pas osé me raconter cette scène. Il craignait probablement de me blesser en m'en parlant. Il y a toujours eu dans le fait d'appartenir à une secte un côté maladie honteuse. Je ne lui en ai bien sûr jamais tenu rigueur. Mais combien faudra-t-il de morts pour lever ce tabou?

8

L'année terrible

À présent, je vais tenter de reconstituer le plus fidèlement possible la période qui sépare les drames d'octobre 1994 et de décembre 1995. Il peut arriver que ma mémoire soit prise en défaut sur tel ou tel événement. Ce n'est pas de la mauvaise volonté. Le ciel m'est tombé sur la tête. Ma femme et mon fils sont partis. J'ai été très malade. Et je n'ai plus vingt ans.

La cascade de conséquences qui avait suivi les massacres de Cheiry et de Salvan – la confession d'Édith et de Patrick, la garde à vue de celui-ci, les dangers qui guettaient mon entreprise, la voracité des journalistes à notre encontre... – avait laissé des traces. J'étais à bout. Mais je pensais avoir fait le plus dur. La chronologie des différents épisodes qui ont marqué les quatorze mois suivants se bouscule encore souvent dans mon esprit. Je dois essayer d'y mettre bon ordre. En outre, il y a énormément de signes que je ne voyais pas sur le moment et dont je ne prends conscience qu'en écrivant ce livre. C'est un exercice éprouvant. Chaque jour, l'émotion me prend à la gorge. La rage de n'avoir rien pu faire monte en moi. Édith et Patrick m'accompagnent à chaque page, à chaque ligne de ce livre. Ils revivent sous mes yeux. C'est idiot, mais j'ai du mal à admettre que je ne pourrais plus jamais changer le cours de leur histoire. De notre histoire.

Édith et Patrick avaient fait serment de ne plus recommencer. Je pensais alors que la leçon était suffisante et qu'elle avait porté ses fruits. Nous n'avons pas beaucoup épilogué à la suite de la garde à vue de Patrick. J'ai eu tort de ne pas crever l'abcès à ce moment-là. Je ne m'en sentais pas le courage. Les plaies étaient encore ouvertes. Avec Alain, nous avions réfléchi à la question. D'un commun accord, nous avions décidé de laisser passer un peu de temps avant de remettre le sujet sur la table. Très vite, pourtant, nous avons constaté que le dialogue serait difficile à instaurer entre nos deux « camps ». Dès que nous abordions, par un biais ou par un autre, leurs problèmes, Édith et Patrick se fermaient aussitôt. Le terrain était miné. Ils campaient plus ou moins ouvertement sur leurs positions. Jamais, par exemple, je ne les ai entendus prononcer le mot secte à propos de l'Ordre du Temple solaire. Ils parlaient de l'Ordre, du mouvement, de « leurs amis », jamais d'une secte ! Ça me mettait hors de moi. Mais, s'il fallait faire quelques concessions dans l'espoir fou, ensuite, de les raisonner, j'étais prêt à l'accepter.

En fait, j'ai compris trop tard que je m'attaquais à une citadelle imprenable. Édith et Patrick se retranchaient en permanence dans des attitudes où la paranoïa se mêlait à la doctrine. Pour eux, les mots n'avaient plus le même sens. Ils vivaient toujours dans un univers constellé de rites et de codes. Plus d'une fois, nos discussions ont tourné au vinaigre. Plus d'une fois, il a fallu que je me lève de table pour aller chercher le dictionnaire et leur mettre le nez sur la définition de certaines expressions communes. Je me rappelle notamment qu'Édith ne supportait pas qu'on puisse « porter un jugement ». Elle se crispait immédiatement, prétendait qu'on n'avait pas le droit de dire ça, et pour qui on se prenait, etc. Alain avait beau expliquer patiemment que le fait d'émettre un jugement, contrairement à ce qu'elle affirmait, n'était pas synonyme de « condamner », il n'y avait rien à faire. Là encore, en désespoir de cause, j'avais recours au Petit Larousse. C'était une guerre épuisante.

On ne parle pas aux adeptes des sectes comme à n'importe qui. On ne doit pas les écouter non plus de la même façon. J'ai lu, par exemple, que chez les membres de l'Église de scientologie le mot « clair » n'avait absolument pas le même sens que pour le commun des mortels. Il signifie « celui qui a reçu la lumière, qui a été initié, qui ne peut plus être trompé par l'extérieur ». Pour ces gens-là, le vocabulaire, le comportement, la marche du monde, ne s'expliquent plus que par le prisme de la communauté. L'autre jour, à la télévision, j'ai entendu une jeune fille qui témoignait après avoir passé dix ans de sa vie au Mandarom, cette secte établie dans le sud de la France, avec ses totems et son messie chauve, Gilbert Bourdin, je crois... Elle expliquait très bien comment, à force d'être conditionnée, un viol, à ses yeux, avait fini par devenir une « purification ». Face à Édith et Patrick, avec mes émotions, mes mots de tous les jours, je me suis senti plus d'une fois dans la peau d'un étranger. Jouret et Di Mambro avaient fini par leur faire entrer dans le crâne qu'un suicide n'était pas un suicide. C'était le « grand passage », le « transit », le « chemin vers la lumière »...

Les rares fois, finalement, où nous en parlions, ma femme n'arrêtait pas de m'asticoter. Elle ne comprenait pas, disait-elle, que je ne m'intéresse pas plus à ce qu'il y avait après la mort. À croire qu'elle n'était sur terre que pour ça ! Désolé, mais moi, ce qui me passionne dans l'existence, c'est précisément la vie. Profiter au quotidien des petits bonheurs insignifiants, de la beauté d'un paysage, d'un apéro entre amis, du sourire d'un enfant. La mort ne m'a jamais obsédé. Je vis. Chaque jour, je vis. Ensuite ? Eh bien, lorsque le moment viendra, il sera toujours temps de découvrir ce qu'il y a dans la pochette-surprise.

Alain. *À cette époque, maman s'accordait encore quelques moments d'insouciance. Le plus marquant reste cet aller et retour à Lyon qu'elle avait effectué avec Véronique. Elles étaient parties faire du shopping toute la journée. Au retour, ma mère lui avait dit à quel point cette parenthèse lui avait fait du bien. Elle lui avait dit qu'elle avait oublié que la vie pouvait être aussi légère. Maman aimait les belles choses. Elle adorait fouiner chez les antiquaires pour dénicher des objets rares. Toutes les maisons où nous avons vécu ont tou-*

jours été très bien décorées. Puis, peu à peu, elle s'était mise à bouder ce genre de plaisir. Lors de cette journée, pourtant, Véronique avait abordé avec elle une multitude de sujets sensibles. Maman avait réagi violemment lorsqu'elle lui avait suggéré de contacter un psy pour l'aider à s'en sortir. À l'en croire, si certains avaient besoin d'un soutien quelconque, c'était nous. Ensuite, ma femme lui avait demandé si elle n'était pas choquée par la mort de ces enfants lors du premier massacre, et ce qu'elle dirait si Patrick avait été parmi les victimes. « Cela n'aurait rien changé, lui avait-elle répondu. Ce serait exactement pareil... D'abord, toi, si tu te suicidais, est-ce que tu laisserais tes enfants tout seuls... » Véronique était revenue de ce périple assez ébranlée, avec la certitude que ma mère était toujours persuadée d'être dans le vrai.

Il fallait que je livre une lutte permanente à Édith pour que notre foyer ne devienne pas progressivement une annexe du Temple solaire. De ce point de vue-là, j'ai toujours voulu éviter qu'elle ne se sente en terrain conquis. Il était hors de question qu'elle sème ses petits symboles à la maison. À l'époque, nous venions de faire construire notre nouveau bateau, cette fameuse goélette dont j'avais si souvent rêvé. C'était l'aboutissement d'une vraie passion que nous partagions, alors, Édith et moi. Ma femme a proposé de le baptiser « Tao ». Comme la philosophie orientale. Ce n'était pas gravissime : il y a d'excellentes leçons de vie dans le taoïsme, je ne dis pas le contraire. N'empêche, j'ai refusé. Du moins, j'ai coupé la poire en deux. Je me suis souvenu de Squaw Valley, des paysages grandioses de la Sierra Nevada et, notamment de ce lac magnifique : Lake Tahoe. Bon sang ! Ce voilier représentait pour nous plus de trente ans de vie commune, je n'allais quand même pas lui donner un nom qui me refilait des boutons ! J'ai dit : « Okay, ce sera Tahoe, T.A.H.O.E... » Édith n'a pas bronché. L'honneur était sauf pour tout le monde.

Durant toute cette année, j'ai éprouvé un sentiment assez désagréable vis-à-vis d'Édith et de Patrick. Plus d'une fois, il m'a semblé que ma présence les dérangeait. Il m'est arrivé de ressentir, de leur part, un début d'hostilité ou, tout du moins, une profonde indifférence. Nous étions tous les trois sur le canapé en train de discuter. Il suffisait que j'aie un moment d'inattention, qu'un coup de téléphone survienne à cet instant précis, et hop ! il n'y avait plus personne... Je raccrochais l'appareil et je me retrouvais tout seul, comme un imbécile. Édith et Patrick avaient disparu. Je les cherchais dans la maison. Je montais l'escalier en silence. Et je découvrais qu'ils s'étaient enfermés tous les deux dans la chambre de ma femme. Je les entendais discuter à voix basse. Ils semblaient très animés. Je sais, aujourd'hui, qu'ils s'entretenaient de leurs activités occultes, des prochaines réunions et de tout leur bazar... À l'époque, je préférais croire qu'ils parlaient de moi. Qu'ils ne voulaient pas le faire en ma présence. Que Patrick m'adressait peut-être quelques reproches et que sa mère – pourquoi pas ? – prenait ma défense. Quel naïf j'ai pu être...

Alain. *En observant les rapports entre ma mère et mon frère, il me semblait parfois que Patrick avait pris de l'ascendant sur elle. L'épisode d'octobre 1994 m'avait montré jusqu'où ils pouvaient pousser la duplicité. Je me rappelle qu'un soir, à Morzine, à l'issue d'un déjeuner en famille, Patrick avait entrepris de convaincre une cousine suisse du bien-fondé de ses thèses. Il ne l'avait pas fait, bien sûr, au vu et au su de tout le monde. Il s'était replié dans sa chambre pour discuter avec elle. Véronique et moi occupions la pièce voisine. Nous avions collé l'oreille à la cloison. Pendant une heure, mon frère avait justifié le « transit » et vanté le bien-être qu'il avait retiré des enseignements de ses maîtres. Il m'est aussi arrivé d'espionner maman. Je la savais de plus en plus indisponible. Chaque fois que Véronique lui proposait un rendez-vous, elle sortait un calepin qu'elle feuilletait fébrilement. Neuf fois sur dix, elle répondait : « Ah non, là je peux pas. » Un soir où j'ai appris qu'elle était une fois de plus sortie à l'improviste, j'ai annoncé à Véronique ma décision d'engager un détective privé. À ce moment-là, j'étais trop pris par mon travail. Mais je m'étais juré de le faire un peu plus tard, début 1996. Une autre fois, alors que je sortais vers 22 heures de mon travail, j'ai regardé le ciel et je me suis aperçu que c'était la pleine lune. Une soudaine inspiration m'a pris. Lors de leurs confessions, Édith et Patrick avaient insisté sur l'importance du calendrier lunaire dans leurs cérémonies secrètes. Ce soir-là, je suis monté dans la voiture et j'ai filé à Sionnet. En chemin, je m'étais persuadé que j'allais les prendre sur le fait. Je suis arrivé là-bas le cœur battant. J'ai garé la voiture à une centaine de mètres de la maison. J'ai ratissé les alentours. J'ai inspecté la maison. Il n'y avait rien. Je n'ai plus jamais recommencé.*

J'admets avoir eu trop souvent un comportement passif ou, plutôt, fataliste. Mais si je n'ai pas été assez interventionniste, je ne suis pas resté non plus les bras croisés à attendre que le temps fasse son œuvre. Un de nos avocats, Me Warluzel, qui s'y connaît en la matière, avait insisté sur le fait qu'il faudrait attendre plusieurs mois, voire plusieurs années, avant qu'Édith et Patrick puissent se débarrasser de cette terrible emprise. C'était comparable, en quelque sorte, à une cure de désintoxication pour des héroïnomanes. Alors j'ai pris mon mal en patience.

Lorsque nous sommes descendus sur notre bateau, à Juan-les-Pins, tout de suite après la garde à vue de mon fils, j'ai fait un détour par Sarrians, dans le Vaucluse, là où j'avais appris que plusieurs membres de la secte résidaient. Patrick, au moment du départ, m'avait dit qu'il nous rejoindrait directement à Juan-les-Pins : il voulait auparavant récupérer des affaires dans son bungalow. Il est parti quelques heures avant nous. Je n'ai rien demandé à ma femme, je lui ai dit : « Tiens, on va passer à Sarrians, nous aussi ! J'ai envie de voir comment Patrick est installé. » Édith a paru un peu décontenancée, mais elle n'a pas osé protester. Donc, je suis allé là-bas. À la vérité, je dois avouer que je n'y ai rien appris de nouveau. Patrick habitait dans un lotissement comme les autres. Et ses amis étaient des amis comme les autres, des gens comme vous et moi. Plutôt sympathiques, au demeurant. C'est, du reste, la même chose avec les grands escrocs : ils vous sourient, vous font un petit numéro de charme, et ils vous mettent dans leur poche en cinq minutes. À Sarrians, tout le monde paraissait, au premier abord, bien dans sa peau. Je n'ai pas insisté. Nous avons repris la voiture. Et Patrick nous a rejoints le soir même à bord du bateau.

Je ne me cherche pas d'excuse. Ce n'est pas mon genre. J'ai beaucoup de défauts mais pas celui-là. Je n'ai jamais fui mes responsabilités. Dans ma vie, j'ai commis des erreurs et j'ai toujours su les assumer. Seulement voilà. Je suis obligé, maintenant, d'évoquer la maladie qui m'a frappé à l'été 1994. Pendant près d'un an, j'ai enduré la pire des épreuves. J'avais perdu l'essentiel de mes forces et de mes facultés d'analyse. Le moins que l'on puisse dire, c'est que ça ne tombait pas bien. C'est aussi pour cette raison que je n'ai pas réussi à endiguer le phénomène. En tout cas, je n'ai pas pu me battre autant que je l'aurais voulu. D'ailleurs, j'aurais très bien pu mourir, moi aussi.

Je ne sais pas exactement où ni quand c'est arrivé. Cela se passait sur le bateau, durant les vacances. Probablement du côté de la Turquie. J'ai été piqué par une tique. Ça n'a l'air de rien à première vue, une tique. Pourtant, ce fut le début d'un véritable calvaire. Très vite, les premiers symptômes sont apparus. J'étais épuisé au moindre effort, j'avais de la température, je ne dormais plus. Dès mon retour à Genève, mon médecin s'est douté que je souffrais de la maladie de Lime. Je n'en avais jamais entendu parler. J'ai pensé qu'il s'agissait d'un virus incroyable, d'un truc rarissime. En fait, on m'a expliqué que les victimes de ce mal étaient nombreuses en France. Je n'ai pas choisi le mot « victime » au hasard. On peut réellement mourir des suites de la maladie de Lime. Cette expérience douloureuse m'a fait penser au problème des sectes. On ne s'y intéresse pas, ou peu.

Ou alors on se dit que c'est un danger ultra-minoritaire, que ça n'arrivera jamais chez soi, jusqu'au jour où...

Pour en résumer les conséquences, je comparerai la maladie de Lime au sida. Les symptômes sont à peu près les mêmes. Ils se manifestent notamment par une chute vertigineuse des défenses immunitaires. Cette maladie peut être fatale, je l'ai dit. Dans le meilleur des cas, on peut espérer s'en relever au bout de deux à trois ans. Les médecins ont été stupéfaits de me voir récupérer aussi vite. J'ai mis à peu près douze mois à redevenir ce que j'étais. Maintenant, je vais bien.

Cette maladie est due, en fait, à une bactérie qui s'attaque au liquide cérébro-spinal. Immédiatement, une foule de symptômes se sont bousculés. J'avais, entre autres, le coin de la bouche paralysé, les paupières qui tombaient. J'ai perdu le sens du goût et du toucher. Je souffrais de multiples allergies. J'avais des ganglions. Mon système nerveux était complètement détraqué. J'avais du mal à réfléchir, à me souvenir, à m'exprimer. Sans parler des picotements que j'éprouvais au bout des mains et des pieds. En quelques mots, je n'étais pas beau à voir. Je me sentais atrocement diminué, dans un état de délabrement total. J'ai perdu quinze kilos. Moi qui possède une santé de fer, j'étais soudain devenu un vieillard. Je montais les escaliers sur les genoux, je les descendais sur les fesses. Il m'a fallu plusieurs semaines avant de pouvoir marcher ne serait-ce qu'un kilomètre. J'en ai ressenti quasiment la même satisfaction que lors de ma victoire olympique. J'utilisais ma voiture pour mes moindres déplacements. Je me traînais jusqu'au bureau. Je travaillais aussi chez moi. Le reste du temps, je me rééduquais en marchant autour du pâté de maisons. Ça durait cinq minutes. Je rentrais épuisé.

Le drame d'octobre 1994, les rebondissements qui s'ensuivirent et l'implication de ma famille avaient bien failli m'achever. Si je m'en suis sorti, paradoxalement, je le dois en grande partie à ma femme. Édith m'a soigné d'une façon remarquable. Elle s'est occupée de moi comme jamais elle ne l'avait fait. Du moins, comme elle ne l'avait pas fait depuis très longtemps. Plusieurs fois, elle m'a dit qu'elle me trouvait « plus sympa malade qu'en bonne santé ». On riait ensemble de cet plaisanterie. En réalité, elle ne plaisantait pas.

Dès que j'ai repris du poil de la bête, le fossé s'est à nouveau creusé. J'ai eu l'occasion d'y réfléchir. J'ai écouté Alain et Pierre lorsqu'ils évoquaient le complexe d'infériorité qu'a pu éprouver leur mère devant moi et contre mon gré. Je pense que, durant toute cette période où je n'étais plus que l'ombre de moi-même – au plus fort de la maladie, vers la fin de l'année 1994, essentiellement –, Édith a eu le sentiment que j'étais enfin tombé de mon piédestal. Qu'elle pouvait provisoirement traiter d'égal à égal avec moi. Que nous étions, pour la première fois depuis si longtemps, au même niveau. Quel gâchis !

Ma femme a souvent confié à ma belle-fille, Véronique, qu'elle était très embêtée par notre situation. Elle semblait prête à ce qu'on se sépare, mais, en même temps, elle ne cessait de répéter à

Véronique qu'elle m'aimait toujours. Elle tenait à ce que ce soit bien clair, quelle que soit l'issue de notre vie de couple. Je crois qu'elle était sincère. Édith m'aimait toujours. Je l'aimais, moi aussi. Je suis persuadé, néanmoins, que l'éventualité d'un divorce la taraudait depuis au moins deux ou trois ans. Au chapitre des manipulations, celle-ci n'est pas la moindre : ses amis de la secte avaient réussi à lui faire croire que, si nous étions encore ensemble, c'était grâce à eux ! Oui, Édith m'a dit ça, un jour. Si ses chers conseillers n'avaient pas été là, affirmait-elle, il y a longtemps qu'elle m'aurait quitté. Lorsque l'on sait à quel point ces salopards ont cherché à la convaincre de « vivre sa vie », de larguer les amarres – et moi avec –, ça laisse pantois.

Après la révélation de l'appartenance d'Édith et Patrick à la secte, plus rien ne fut pareil. Nous avons tout tenté pour donner le change, mais la cicatrice ne s'est jamais refermée. Patrick était de loin le plus virulent. Autant, je le sais maintenant, Édith essayait de se faire la plus discrète possible : elle avait demandé à une de ses vieilles amies si elle pouvait se faire adresser chez elle le courrier relatif à l'Ordre, et celle-ci n'avait pas osé le lui refuser, ni m'en parler. Autant, donc, ma femme cachait plus ou moins son jeu, autant mon fils nous a « couillonnés » quasi ouvertement. Oh ! il a bien dû exprimer des remords deux ou trois fois pour nous faire plaisir, mais ça n'a pas été plus loin. D'ailleurs, Patrick nous rendait visite de moins en moins souvent. Je sais qu'Alain a essayé de l'inviter au moins une vingtaine de fois à dîner chez lui et que son frère a toujours trouvé une excuse pour se dérober.

Quelques semaines après le drame d'octobre 1994, il s'est trouvé une nouvelle compagne. Une certaine Ute Verona : jolie, un très beau regard en dépit de ses grosses lunettes, elle était la maman d'une fillette adorable, Tania. Tout comme Dominique Bellaton – dont j'ai finalement appris que c'est elle qui avait fait de Patrick un fanatique –, Ute Verona était plus âgée que lui. Ils se sont installés dans un petit appartement au rez-de-chaussée d'une résidence de Grand-Lancy, à la périphérie de Genève. Elle travaillait à plein temps comme secrétaire de direction. Patrick s'occupait de la petite Tania. Longtemps, je dois le reconnaître, j'ai vu cette liaison d'un assez bon œil. Ute Verona me paraissait être une jeune femme très équilibrée, courageuse et intelligente. J'ai cru qu'elle serait pour mon fils cette planche de salut qu'il n'avait pas trouvée chez nous. Jusqu'au bout, je me suis fourvoyé.

Je me souviens d'un dîner chez Alain et Véronique, fin novembre 1995. Patrick et Ute vivaient ensemble depuis un an. Une fois de plus, ils avaient refusé l'invitation. Nous étions donc quatre : Alain, Véronique, Édith et moi. Au cours du repas, j'ai senti qu'Alain, comme à son habitude, s'apprêtait à mettre les pieds dans le plat. Je me suis levé de table et je suis allé dans la cuisine, pour tendre discrètement l'oreille.

– Dis donc, maman, où est-ce que Patrick a rencontré Ute, au juste ? Tu le sais, toi ?

– Heu... Oui, pourquoi... Ute faisait partie du mouvement... C'est là qu'ils se sont connus, je crois.

– Ah bon... Et la secte, elle s'est reconstituée depuis l'an dernier ? Est-ce que tu es au courant de quelque chose ?

– Écoute, Alain, tu m'énerves à parler de secte comme ça ! Je t'ai déjà dit que ce n'était pas une secte... Une secte, c'est une organisation qui fait du mal... Enfin, on ne sera jamais d'accord là-dessus... De toute façon, tu sais bien que tout ça, c'est fini pour moi. Je ne fais plus partie de l'Ordre. Je n'en ai pas entendu parler depuis l'an dernier.

– Tu me jures, maman ?

– C'est pas vrai, ça... Puisque je te dis que tout est fini pour moi !

Je suis revenu à ma place. J'admirais l'obstination de mon fils et ce franc-parler qui m'avait peut-être fait défaut ces derniers temps. J'étais vaguement rassuré, aussi. Le dîner s'est achevé de façon très anodine, si ce n'est qu'Édith avait l'air un peu contrariée, mal à l'aise. Enfin ça, c'est Véronique qui me l'a dit ensuite, parce que sur le moment, je n'ai rien remarqué. Certes j'avais découvert, à cette occasion, que la compagne de Patrick était une ancienne du Temple solaire. Mais puisque Édith affirmait que la secte était dissoute, que c'était du passé, qu'elle n'avait plus de nouvelles depuis un an... Quatre semaines plus tard, Édith, Patrick, Ute, la petite Tania et douze autres malheureux disparaissaient, par une nuit glaciale, dans une clairière du Vercors. J'apprendrai par la suite que l'amie de mon fils avait été une des pionnières de l'Ordre, sans doute l'une des plus proches de Jouret, et que Patrick, lui-même, avait continué son ascension dans le mouvement, jusqu'à en devenir l'une des têtes pensantes.

En attendant, je croyais avoir fait le maximum pour mon fils. C'était à la fin de l'année 1994. Nous avions envisagé toutes les solutions possibles avec Alain et Pierre. Patrick ne travaillait pas. Il continuait de jouer au golf, mais il s'éloignait de plus en plus de son ambition de devenir champion, voire même professeur. J'ai pensé – Alain, surtout, a pensé – qu'il fallait créer un électrochoc. Il était temps de le mettre au boulot.

– Voilà, ai-je dit à Patrick. Je te propose trois solutions. La première, c'est d'atteindre, enfin, cet objectif dont tu nous as tant rebattu les oreilles. Si tu veux, je te paye une des meilleures écoles de golf aux États-Unis. Tu y restes le temps qu'il faudra, tu t'entraînes tous les jours, et tu en reviens avec un diplôme de professeur. C'est la première solution. La deuxième consiste à t'envoyer travailler à New York chez l'un de nos licenciés. Tu connais M. Kim. Je l'ai eu au téléphone, il est d'accord. Il t'attend. Il est prêt à te faire bosser comme un chien, « like a dog », il m'a dit. Voilà pour la deuxième solution, Patrick. Enfin, il y en a une troisième, mais celle-là, ce n'est pas la mienne. C'est la tienne. Tu continues comme ça. Tu glandes, tu vis au crochet de ton amie et tu fais une petite partie de golf de temps en temps. Tu occupes le reste de tes journées, je ne sais pas comment. Tu pourras toujours venir ici, à la maison, quand tu le voudras. La porte est ouverte. Tu auras toujours un couvert pour dîner et un lit pour coucher. Tu seras toujours mon fils. Mais ne compte plus sur moi pour te faire vivre. Tu devras te débrouiller tout seul. Tu as une belle voiture, que je t'ai offerte, mais si tu veux rouler avec, désormais tu te paieras toi-même ton essence... C'est tout, Patrick. Maintenant, tu choisis.

Mon fils n'a pas choisi. Pas tout de suite. D'un commun accord, pour éviter qu'il ne se lance à la légère dans une voie qui n'était pas la sienne, je lui ai laissé six mois pour se décider. Avant l'été, nous en avons reparlé. Patrick avait tranché.

– Tu sais, papa, m'a-t-il lancé en haussant les épaules, j'ai bien réfléchi à tout ce que tu m'as dit il y a six mois. Tu as sans doute raison. Il faut que je gagne ma vie tout seul à partir de maintenant. Ne t'inquiète pas. Je vais me démerder. Mais en tout cas, pour les États-Unis, c'est non. Je n'ai pas envie de bosser à New York. Ni de m'inscrire dans une école de golf. Très peu pour moi...

Je crois que c'est ce jour-là que j'ai définitivement perdu mon fils.

Avec Alain et Pierre, nous avions pensé que l'éloignement pouvait faire du bien à Patrick. C'est comme ça que l'idée des États-Unis nous était venue. Il fallait le couper de ses bases. Sur ce point, Édith, une fois de plus, a joué un double jeu. Devant moi, elle trouvait cette initiative excellente, mais j'ai su par la suite que, dès qu'elle se trouvait avec Patrick, elle la démolissait. En juillet, conformément à ce que je lui avais promis, j'ai coupé les vivres. Je n'ai plus donné un sou à Patrick. Là encore, Édith m'a berné. J'ai découvert récemment qu'elle s'était mise à effectuer des virements sur son compte.

Et puis il y a eu un nouvel épisode tragique. Je ne me souviens plus exactement de la date à laquelle il est survenu, mais je sais qu'à ce moment-là Édith m'avait déjà juré qu'elle n'était plus dans la secte. Une de ses meilleures amies est morte. Elle s'appelait Annie de Araoz. Édith l'avait connue à Morzine. Elle l'adorait. Un jour, nous avons appris qu'elle avait succombé dans un terrible accident de voiture. Nous étions à Morzine le jour où la nouvelle nous est parvenue. J'étais effondré. Alain et Pierre étaient présents, ils semblaient assommés. J'ai pris ma femme par le cou car je me doutais qu'elle allait fondre en larmes et qu'il faudrait la réconforter. Édith s'est dégagée comme si de rien n'était. Et elle a continué ses activités. Rendez-vous compte : une de ses meilleures amies était morte, elle venait de l'apprendre cinq secondes plus tôt, et il n'y avait pas une once d'émotion sur son visage. Rien. Rien que la certitude, évidemment, que la mort n'était pas une sanction si grave en ce bas monde. Elle n'allait pas pleurer Annie puisque celle-ci, la veinarde, allait accéder à l'au-delà ! D'ailleurs Édith, elle-même, n'attendait-elle pas de « transiter » avec quelque impatience...

Au début de l'année 1995, j'ai commencé petit à petit à me refaire une santé. Je suis parti pour une cure de thalassothérapie en Bretagne avec mon vieil ami René Collet. Ça m'a fait un bien fou. C'est là-bas que j'ai réussi l'exploit de faire une promenade de un kilomètre à pied. Mon moral est remonté en flèche. J'avais vraiment besoin de respirer un bon coup. De prendre l'air. À la suite du carnage médiatique dont nous avions été l'objet – et, encore une fois, je revendique totalement le choix de la transparence à l'égard des médias –, je n'ai pas compté les retombées diverses et variées de « l'affaire ». Juste une, comme ça, au hasard : un jour du mois de janvier, je reçois un coup de fil au bureau. C'est un ami, qui était allé skier à l'Alpe-d'Huez durant le week-end. Il me raconte qu'il y avait énormément de monde sur les pistes et qu'à un moment, au pied des remontées mécaniques, un type s'est précipité vers lui, l'air assez excité. Mon ami portait une combinaison que nous avions sortie au moment du lancement de la ligne ski-wear, cinq ou six ans auparavant. Le modèle est siglé Vuarnet, évidemment, et il y a un logo minuscule « Mission lumière ». C'est Pierre qui avait trouvé cette appellation. Cela sonnait bien. À l'époque, on ne parlait que de « fun », de « glisse » et d'« aventure ». Vraiment, ça n'était pas une mauvaise idée. Bref, le type se précipite sur mon ami et commence à le dévisager en hurlant : « Eh ! mais ça va pas, non ! Vous avez vu ce que vous portez : Mission lumière ! Mais tout ça c'est la secte des Vuarnet ! En achetant cette combinaison, vous filez du fric à la secte des Vuarnet... » Scandale. Attroupement. Vous parlez d'une publicité...

Patrick nous avait parlé d'un stage de golf de près d'un mois qu'il devait effectuer avec un copain, à Mougins. Bon. Parfait... Pendant tout ce temps-là, au moins, il ne fera pas de conneries, pensais-je. Mon fils a effectivement disparu de la circulation durant quatre semaines. J'ai appris ensuite qu'au moment de descendre sur la Côte d'Azur il avait annoncé à son camarade qu'il devait effectuer un « petit crochet » par Sarrians pour chercher « quelque chose ». Je ne sais pas ce que cela cachait, mais Patrick a réapparu à Mougins, son sac de golf en bandoulière, le jour où son copain en repartait. Entre-temps, je me demande bien ce qu'il a pu trafiquer. En tout cas, le golf n'était plus sa préoccupation majeure. C'est vers la fin du mois de janvier 1995 que le premier massacre – les cinquante-trois morts et les testaments de l'Ordre du Temple solaire – a fini par le rattraper. Ce jour-là, notre avocat reçoit un coup de fil lui annonçant que mon fils et ma femme doivent être entendus par le juge Piller, à Fribourg. Sur le moment, je n'ai rien compris. J'ai même envisagé le pire. Notre avocat s'est démené pour avoir l'assurance que Patrick et Édith ne seraient pas placés en garde à vue, et emprisonnés, sans qu'il y ait la moindre inculpation contre eux. On lui a assuré cette fois qu'il n'y aurait aucun problème. Le lendemain, donc, ils sont allés à Fribourg. En fin d'après-midi, le juge a fini d'interroger Édith et lui a dit que c'était tout pour elle. En revanche, comme je le craignais, Patrick a été placé à nouveau en garde à vue. J'ai cru comprendre qu'il s'était un peu emmêlé les pinceaux. Le juge a déclaré à notre avocat qu'il était détenu dans le cadre de l'enquête pour « assassinats et incendies intentionnels ». C'était reparti. Ça a duré cinq jours.

Je n'ai rien contre le juge Piller, ni contre aucun juge, d'ailleurs. Au contraire, je regrette que l'enquête sur les massacres d'octobre 1994 ne nous ait rien appris. Je regrette que les rapports qui devaient s'annoncer comme « explosifs » n'aient jamais vu le jour. Je suis navré de constater que la justice suisse est organisée de telle façon que l'instruction a été menée simultanément par trois juges différents. La ferme de Cheiry se trouvait dans le canton de Fribourg. On a confié le dossier au juge Piller. Celui de Salvan a été remis au juge Jacquemet parce que, là, on était juste à la limite du Valais. Pour couronner le tout, le juge Dumartheray, à Genève, s'est vu attribuer un bout de l'enquête parce que la plupart des fondations gravitant autour du Temple solaire étaient situées au bord du Léman ! Que Patrick ait été entendu par les policiers, quoi de plus normal ? En revanche, je n'ai toujours pas compris pourquoi, en février, il a été jeté en prison pendant cinq jours. Et pas n'importe quelle prison, s'il vous plaît, celle de Fribourg : un cul-de-basse-fosse, une geôle moyenâgeuse... Je l'avoue : j'avais beau pester contre mon fils et sa façon éhontée de nous embobiner, j'avais beau craindre, par instants, qu'il n'ait été gravement impliqué dans l'une ou l'autre de ces tragédies, je n'ai pas pu m'empêcher, durant ces cinq jours, de souffrir pour lui. J'étais son père, voilà tout.

Il a fallu que notre avocat réclame une décision officielle pour que le juge finisse par relâcher Patrick. C'était le 3 février en fin d'après-midi. Je suis allé le chercher à Fribourg en voiture. Il était sale, pas rasé, encore plus maigre que d'habitude. Il m'est tombé dans les bras. On s'est embrassés. Depuis combien de temps n'avais-je pas embrassé Patrick ? Ensuite, malheureusement, il s'est très vite ressaisi. Il a repris son masque d'indifférence hautaine. Il m'a expliqué que, tout compte fait, cette garde à vue avait constitué une excellente expérience humaine. Mon fils avait partagé la cellule d'un délinquant drogué et il était ravi d'avoir pu longuement discuter avec lui. Il se réjouissait encore d'avoir su décrypter les techniques d'interrogatoire des policiers. D'ailleurs, tout le monde, y compris le juge Piller, avait été très sympa avec lui. Il n'avait pas craqué. Bref, il était assez fier de lui. Moi, beaucoup moins, cela va sans dire.

Ce nouveau séjour en prison de mon fils a eu le mérite de m'ouvrir les yeux. Jusque-là, en dépit de ses contradictions, de ses absences et de son air buté, je me disais que Patrick avait accepté de collaborer avec la justice. C'était le pacte que nous avions scellé, le fameux jour où il m'avait révélé qu'il appartenait, ainsi que sa mère, à la secte. Je le soupçonnais de ne pas avoir totalement renoncé à ses convictions. Je savais que tout cela, au mieux, ne se ferait pas en un jour. Mais j'espérais au moins qu'à défaut de croire en mon discours les cinquante-trois morts et la peur de la prison l'avaient persuadé de la nécessité d'être le meilleur allié du juge. J'ai été obligé de me rendre à l'évidence. À sa façon de ne livrer la vérité que par bribes lors de ses multiples interrogatoires, j'ai compris que Patrick était encore sous influence.

Alain. *Durant sa garde à vue, Patrick avait envoyé une lettre à nos parents. Cette lettre n'a été transmise par l'avocat qu'après la libération de mon frère. C'est sans doute pourquoi papa ne l'a jamais lue. Elle était pourtant instructive. Patrick n'avait jamais perdu le moral, c'est une évidence. Il semblait encore plein de certitudes. Je regrette, moi aussi, de n'avoir pas eu connaissance plus tôt de ce courrier. C'est tout récemment, en rangeant des affaires à Sionnet, que je l'ai découverte. Voici ce qu'il disait : « Je suis bien conscient de la merde dans laquelle je me suis mis. Tout m'accable et fait de moi un suspect, pas comme assassin, quoiqu'ils en aient émis le soupçon. [...] Rassurez tout le monde : ça va pas trop mal. L'essentiel est qu'il n'y ait pas de répercussions dans les médias. Prions pour que ça dure. Même dans six mètres sur deux, je vous sens présents. Oh ! oh ! c'est de l'humour ! [...] Faites-moi parvenir mon shampooing, ma serviette blanche, des caleçons, des tee-shirts, mon jean blanc en velours, ma paire de Stan Smith pour le jogging, des livres, des romans et aussi des réserves de noisettes et de raisins... Tout cela, bien sûr, si j'en ai encore pour longtemps. Merci d'avance. Je vous embrasse très fort. »*

J'ai essayé de m'agripper au moindre signe encourageant de la part de Patrick, à la plus petite manifestation de bonne volonté. Quelques jours après sa garde à vue, je me souviens qu'il s'était produit un de ces moments de grâce comme nous n'en avions plus connu depuis plusieurs mois. Il s'agissait d'une compétition mêlant le ski et le golf, organisée au profit d'une œuvre quelconque, à Isola 2000. Edgar Grospiron, le champion du monde de ski acrobatique, était là. Ses parents sont des amis de la famille. Edgar, lui-même, était très copain avec Patrick, un ami d'enfance. Ce jour-là, il a demandé à faire équipe avec lui. C'était une main tendue aux Vuarnet, et je ne suis pas près de l'oublier. Je me suis rendu à Isola 2000. Comme j'étais encore très handicapé par ma maladie, il a fallu me hisser là-haut à bord d'une motoneige. La journée a été radieuse. Edgar et Patrick ont gagné. Ils ont offert leur prix à leurs parents respectifs : une croisière en bateau dans les fjords norvégiens ! Un rêve d'Édith depuis toujours, partagé avec Danielle et Alain Grospiron, les parents d'Edgar, et moi-même. Je revois encore mon fils lever les bras en signe de victoire. Il était comme un gamin. Il souriait, de ce sourire qui avait disparu de son visage depuis tant d'années... J'ai gardé les coupures de presse du lendemain. On y voit Patrick en photo, bras dessus bras dessous avec Edgar. C'est l'un des derniers souvenirs agréables de Patrick. J'en suis reconnaissant à Edgar.

Cette journée avait été très importante aux yeux de Patrick, car sa victoire le réhabilitait auprès de son entourage. En effet, il disait ne plus se sentir très à l'aise avec ses anciennes connaissances et amis depuis les événements de 1994.

Édith se méfiait de moi. Elle se méfiait autant, sinon plus, d'Alain. Véronique m'a expliqué, il n'y a pas très longtemps, que ma femme ne laissait pas passer une occasion d'enfoncer le clou. Évidemment, Alain n'avait jamais pris de gants pour lui dire son aversion des sectes et de tous leurs gourous de pacotille. « Ton mari n'est pas compréhensif, disait Édith à Véronique. Il est vraiment trop intolérant. Trop intransigeant. » Ma femme prenait garde à ne pas m'alerter sur des détails comme le courrier ou encore les mille et un petits signes domestiques que j'avais appris à reconnaître dans les journaux. Elle tenait, par contre, un langage qui n'avait jamais été le sien. Elle ne s'émancipait pas, on aurait juré qu'elle prenait sa revanche. « J'ai toujours été ta bonne, affirmait-elle. Cela fait trente-cinq ans que ça dure. Je me suis occupée de toi, je me suis occupée des gosses, je me suis occupée de la maison, je me suis occupée de tout ce dont tu avais besoin ! Mais je ne me suis jamais occupée de moi... J'en ai marre, Jean. Je veux vivre pour moi, maintenant. » Édith se débrouillait, désormais, pour saccager tout ce qui pouvait symboliser notre vie commune. Elle n'attendait plus rien de moi. Son bonheur était ailleurs.

Petit à petit, elle s'est mise à vider Squaw Peak. Le chalet de nos débuts. L'antre dans lequel nous avions écrit les plus belles pages de notre histoire. Oh ! Elle était attentive à ce que je ne remarque rien... Il n'y avait pas de camion de déménagement devant la porte. C'était plus subtil que ça. Six assiettes par-ci, quinze bouquins par-là... N'empêche, à la fin, le but a été atteint : nous n'avions même plus de quoi inviter des amis chez nous. D'ailleurs, ma femme montait de plus en plus rarement à Morzine. J'ai passé un nombre incalculable de week-ends, seul, comme un vieux garçon. Qu'étaient devenues nos fêtes d'antan ? Je tournais en rond dans un chalet désert. J'allumais la télé. Je la laissais en marche durant tout le week-end. La plupart du temps, le soir, je m'endormais devant l'écran. Édith n'était pas là. Je me morfondais. Nous ne nous parlions plus beaucoup, mais il suffisait qu'elle s'absente pour qu'elle me manque.

Combien de fois Édith est-elle partie de la maison, comme ça, sur un simple coup de fil, au cours de ces derniers mois ? Je préfère ne pas y penser. Sans parler de tous ces week-ends où n'importe quel prétexte lui était bon pour s'absenter. Un jour – ça, je ne suis pas près de l'oublier – j'ai invité notre agent italien, Orlando Tonino, et un financier de Milan à dîner à la maison, à Sionnet. Je n'organise pas souvent des dîners d'affaires chez moi. Je comptais beaucoup sur cette entrevue. Édith était prévenue. À 19 heures : patatras ! Ma femme avait dû recevoir un coup de fil de Patrick ou de je ne sais qui appartenant à la secte. Elle a averti Véronique qu'elle ne pouvait pas s'occuper de faire la cuisine ni recevoir mes invités. Il fallait qu'elle s'en aille tout de suite. Ma belle-fille a accouru. Elle a improvisé le dîner. Finalement, tout s'est bien passé. Sur le coup de 22 heures, Édith a réapparu. Comme si de rien n'était, elle a traversé le salon, a salué les Italiens et elle est partie se coucher sans un mot.

J'aurais dû – c'est fou, le nombre de phrases qui commencent par « j'aurais dû » – avoir une attitude plus ferme à l'égard de ma femme. Je ne voulais pas la mettre en cage. J'avais surtout peur qu'elle ne voie plus en moi qu'un adversaire. Je l'ai laissée fréquenter ses amis. Tous ces amis qu'elle avait connus au sein de la secte et dont elle m'assurait qu'ils étaient « un peu perdus ». Ils avaient besoin d'aide, selon elle. Et c'est vrai que, malgré moi, elle les a aidés.

La première fois, c'était un Espagnol, un dénommé Enrique Masip. Celui-là était infirmier. C'était un ancien du Temple solaire. Édith m'a demandé si nous pouvions lui louer le petit studio attenant à notre maison de Sionnet. Ma femme a ajouté que cela lui permettrait de régler la femme de ménage. J'ai accepté. J'avais vu Masip. Il ne payait pas de mine : petit, dégarni, le dos voûté, pas vraiment un athlète. Je me suis dit que ce type n'était pas dangereux. Il est resté presque six mois à côté de chez nous. Je n'ai jamais eu le moindre problème avec lui. Par curiosité, un matin, je suis entré dans son studio pendant qu'il était parti au travail. J'ai inspecté rapidement les lieux. Je n'ai rien vu de suspect, rien noté qui puisse évoquer la secte de près ou de loin. Je ne me suis pas méfié. D'ailleurs, Masip a fini par s'en aller. Je n'étais pas mécontent car j'avais prévu d'héberger Tonino Orlando qui, à l'époque, devait travailler plusieurs semaines, à Genève, sur notre gamme de montres. Édith a été plus prompte que moi. À peine Masip était-il retourné chez lui qu'elle me présentait un autre de ses amis.

Celui-ci s'appelait Lardanchet. Il était vraiment sympa. Une bonne tête. De l'humour. Deux ou trois fois, nous avons bien rigolé ensemble. Lardanchet, de plus, était policier. Il travaillait à la police des frontières, à Annemasse. Qu'y a-t-il de plus rassurant comme voisin qu'un policier, hein ! Lui ne m'a jamais payé de loyer, contrairement à Masip. Il envoyait tout son argent, selon Édith, à sa femme et à ses enfants, restés momentanément dans le midi de la France. En guise de dédommagement, il a tout de même offert un téléphone portable à ma femme. Dans les jours qui ont suivi la mort d'Édith et de Patrick, j'ai entendu la liste des victimes du Vercors à la radio. Les noms de cinq d'entre elles résonnent encore à mon oreille : Masip, Lardanchet, sa femme et ses deux enfants... Voilà. J'avais abrité chez moi, durant des mois, deux hommes qui, lorsque j'avais le dos tourné, ne devaient parler à Édith que de Jouret et de Di Mambro dans l'attente de les rejoindre définitivement. Je n'ai pas un cœur de midinette, pourtant, mais Édith m'avait eu au sentiment. Elle m'avait toujours au sentiment.

Je n'ai pris que cinq jours de vacances durant toute l'année, au mois de juillet. J'en ai profité pour proposer à Édith de venir convoyer notre bateau de Saint-Tropez à Ajaccio, où nous attendaient Alain et Véronique. Cette fois, ma femme n'a même pas cherché d'échappatoire, n'a même pas accepté en traînant les pieds : elle a refusé. C'était la première fois qu'elle refusait de passer des vacances avec moi. La dernière, aussi.

Ensuite Édith est allée rendre visite à Dominique, la femme de Pierre, à Montréal. C'était à l'automne 1995. Pierre et Dominique ont deux enfants que j'adore, Yann et Quentin. Quentin n'a que trois ans et demi. Dominique m'a raconté qu'au moment de sa naissance Édith lui avait fait la morale, sur le thème de l'inconscience de mettre au monde un enfant par les temps qui courent. « C'est de la folie ! disait-elle. Avec toutes les menaces qui pèsent actuellement sur la planète. Tu te rends compte que ce bébé ne sera jamais heureux. Est-ce que tu en es consciente, au moins... » Dominique était scandalisé. Bref, à l'automne, tout cela était oublié, et Édith s'est envolée pour Montréal. Dominique, connaissant sa belle-mère, avait briqué sa maison pendant une journée entière. Ça se présentait plutôt bien. À peine arrivée, Édith a commencé par arpenter toutes les pièces. Dominique m'a dit qu'elle ressemblait à un chat sur le qui-vive, dans une maison qu'il ne connaît pas. Elle a tout inspecté : le salon, la salle à manger, les chambres, les toilettes, la salle de bains. « C'est bien, répétait-elle devant Dominique inquiète, c'est très bien. Ta maison est parfaitement tenue. » Tout cela n'était pas très rassurant de la part de quelqu'un qui était censé avoir quitté la secte depuis un an. Mais Édith savait ce qu'elle faisait. Elle ne se serait jamais conduite comme ça chez Alain et Véronique. Le Canada, c'est si loin. Il ne restait plus que la cuisine à visiter. Édith a ouvert le frigo, les placards. Elle a jeté un œil sous l'évier. Dominique pensait avoir fait le plus dur quand ma femme s'est soudain tournée vers elle.

– Il ne faut jamais faire ça, Dominique. Tu m'entends : jamais !

– Faire quoi ?

– Le rouleau de Sopalin, là, dans le placard, sous l'évier !

– Oui, et alors ?

– Il ne faut jamais poser le rouleau de Sopalin à cet endroit ! Tu vois bien qu'il y a une poubelle, juste au-dessous...

– Mais...

– Ça ne se fait pas, c'est tout... C'est une question d'énergie négative...

Plus tard, Dominique m'a dit qu'elle n'en était pas revenue. Je la comprends. Elle me l'a raconté peu de temps après que ça s'était passé. Je crois que c'était la veille de l'enterrement. Elle était très attristée par cet épisode.

9

La clairière du Puits-de-l'enfer

« Écoute, papa... Ils ont fait les cons... La police vient d'annoncer qu'on avait retrouvé seize victimes dans le Vercors... »

Je me souviens qu'il faisait très beau pour une veille de Noël. J'entendais les bruits de la ville, à l'extérieur de la maison. J'ai cru un instant que mon cœur allait s'arrêter de battre. J'ai bu mon café. Mon dos, mes genoux, tout mon corps, mon vieux corps, ne m'avaient jamais fait aussi mal. Alain se tenait dans l'entrebâillement de la porte. Nos regards se fuyaient. Je savais ce que je lirais dans le sien. Je ne voulais pas pleurer. Je suis retourné m'allonger.

C'était une douleur atroce, et en même temps presque fictive. Je ne sais pas ce que représente la perte des siens dans un accident de voiture. Ce que je sais, c'est que le jour où j'ai appris qu'Édith et Patrick étaient morts – et tous les jours qui ont suivi – je n'ai jamais pu me raccrocher à quelque chose de logique. À la malchance, à la maladie, à la vieillesse, à toutes ces injustices qui vous serrent les tripes et dont on dit qu'elles sont inéluctables. C'était une douleur presque irréelle, donc. J'étais dans le coton. J'avais l'impression de skier dans le brouillard.

L'après-midi du 24 décembre, je suis allé faire les courses de Noël dans le centre de Nîmes. Dans la rue, les gens étaient pressés, ils me bousculaient. J'avais l'impression d'errer. Je suis entré dans un grand magasin dont j'ai oublié le nom, j'ai acheté une jolie broche pour la maman de Véronique, et des fleurs. À Jeannot, son père, j'ai pensé offrir un flacon d'armagnac hors d'âge. Je suis retourné à la maison, toujours à pied. Puis j'ai attendu que les heures passent.

Nous avions décidé de ne rien changer à nos habitudes, de bien dîner et de bien boire. Jeannot m'a offert un bel étui à cigares en cuir noir. Les enfants ont passé un bon Noël. Il n'y a que la petite Élisa, la nièce de Véronique, qui a remarqué quelque chose. On regardait le journal de 20 heures à la télé. Alain et moi avions été interviewés le matin même. Mon fils avait parlé d'un ton grave et virulent, le visage creusé, les yeux rivés à l'objectif. Élisa s'est tournée vers lui.

– Dis, Alain, pourquoi tu avais l'air énervé avec le monsieur de la télé ?

– Pour rien, ma chérie. Pour rien...

Lors du réveillon, nous avons prolongé la soirée le plus tard possible. Les soirs suivants, aussi. Depuis des semaines, je ne m'endors qu'aux dernières heures de la nuit. Je ne suis même pas épuisé. J'ai l'impression de descendre au fond d'un puits. Je me laisse glisser doucement. Chaque matin, je suis presque surpris de me réveiller : j'ai l'impression de ne pas m'être endormi. Jean et Michèle et toute la famille Agot ont été formidables pour moi pendant ces fêtes. Ils m'ont permis d'être dans un climat familial dont j'avais bien besoin en ces jours douloureux et ils ont aussi su ne jamais s'appesantir sur l'événement. Eux aussi se souviendront longtemps de ces fêtes de Noël et du jour de l'an, que nous avons bien involontairement perturbées.

Alain a décidé de s'occuper des formalités. Il a dit qu'il voulait me tenir à l'écart de tous ces soucis. Pierre, dans la foulée, est arrivé de Montréal. Lui aussi s'est mis tout de suite au boulot. Il y avait longtemps que je ne les avais pas vus comme ça, ensemble, main dans la main, mes deux fils. Ils ont beaucoup grandi, les frangins. Ils ont plus de trente ans. Ce sont des hommes. Je n'ai pas vu le temps passer. Je suis fier d'eux. Il faudra que je le leur dise. Ils sont tout pour moi désormais.

Les formalités, donc. C'est vite dit. Alain et Pierre ont dû déplacer des montagnes. Ça a duré près de quinze jours. Trois fois, l'enterrement de ma femme et de mon fils a été annoncé dans la presse. Trois fois, il a fallu démentir. Il manquait toujours un papier, un constat des policiers, une autorisation du juge... Après tout ce que nous avions vécu, ce fut une épreuve supplémentaire. Nous voulions qu'Édith et Patrick nous quittent dans la dignité. Ce n'est pas trop demander, la dignité. Il a fallu livrer bataille. Une dernière fois, nous avons dû serrer les rangs. Mais nous n'étions plus seuls. Le téléphone sonnait sans arrêt. Et les télégrammes s'empilaient. J'ai retrouvé des amis que j'avais perdus de vue depuis trente ans. Claudius Baud, le maire de Morzine, a été tout au long de ces quelques jours obsédé par l'idée de tout faire pour que l'enterrement se déroule dans la plus grande dignité. Il a réussi. J'ai retrouvé à mes côtés tous les Morzinois, partageant ma douleur et ma colère. Ils m'ont soutenu jusqu'au bout. Des centaines d'inconnus m'ont écrit pour me dire à quel point ils admiraient mon courage, à quel point ils partageaient ma peine. Certains me reparlaient du temps de Squaw Valley. C'est si loin, Squaw Valley. Il ne faut pas le leur dire, mais, aujourd'hui, ce n'est plus rien. Il ne faut pas le leur dire, car tous ces gens m'ont fait du bien.

Nous savions déjà depuis plusieurs jours qu'Édith et Patrick étaient morts là-bas, dans le Vercors (l'endroit s'appelle très exactement la clairière du Puits-de-l'enfer). Il a pourtant fallu attendre une confirmation officielle. L'identification des seize victimes m'a paru interminable. Il n'y avait pas de passe-droit. La police n'en finissait pas de procéder à des constatations. J'avais hâte d'en finir avec ce cauchemar. Par respect pour les autres familles, je n'en ai rien montré. Finalement, l'enterrement a eu lieu le samedi 6 janvier.

Certains détails furent horribles. Je ne vais pas m'étendre. Mais il faut savoir que les corps de ma femme et de mon fils étaient carbonisés. Il faut se le rappeler, pour tous ceux qui, un jour, seraient tentés. Qu'ils essaient de comprendre qu'avec Alain et Pierre nous n'avons pas voulu que cette image-là soit celle que l'on garderait d'Édith et de Patrick. De toutes nos forces, nous nous sommes agrippés à des valeurs sentimentales. Ce n'est pas dérisoire, les valeurs sentimentales. Et que nous restait-il d'autre ? Nous avons choisi jusqu'à la couleur de la mise en bière : blanc pour Patrick, bleu pour Édith. Bleu comme ses yeux. Alain voulait aussi que deux photos soient posées sur les cercueils de ma femme et de mon fils lorsqu'ils seraient exposés dans l'église, la veille de l'enterrement. Mais pas des portraits figés, pas des photos de ces dernières années, lorsqu'ils n'étaient plus que l'ombre d'eux-mêmes. J'ai retrouvé un cliché d'Édith en noir et blanc, qui remonte à l'époque où nous nous sommes connus. Ma femme porte une paire de skis sur son épaule. Son sourire a la forme d'un arc-en-ciel. En le regardant, j'ai eu l'impression qu'elle ne m'avait jamais quitté. Pour Patrick, nous avons choisi une photo prise lors d'un tournoi de golf, à la fin des années 80. Je n'avais jamais remarqué à quel point il était élégant.

Nous ne voulions pas que la cérémonie se déroule en catimini. Nous savions qu'il y aurait foule et que les photographes et les caméras de la télévision nous suivraient. Nous voulions que ce soit beau, tout bêtement. D'habitude, les textes imprimés sur les rubans qui encerclent les cercueils sont d'un extrême clacissisme : « À mon époux », « À ma femme »... Pierre trouvait que ces formules étaient dénuées d'émotion. Il m'a demandé si je n'envisageais pas autre chose. J'ai répondu oui. « Sois sage, ô ma Douleur, et tiens-toi plus tranquille. Tu réclamais le Soir ; il descend ; le voici : Une atmosphère obscure enveloppe la ville, aux uns portant la paix, aux autres le souci. » Je connais des dizaines de poèmes par cœur. Je ne sais pas pourquoi j'ai pensé aux *Fleurs du mal*, de Charles Baudelaire. Ou plutôt, si, je sais : cette poésie a pour titre « Recueillement ».

On m'a dit qu'il y avait plus de deux mille personnes à l'enterrement. Je ne me suis pas rendu compte qu'il y avait autant de monde. Je ne me suis pas rendu compte de grand-chose. Je ne voyais rien. Je n'entendais rien. Ah si... Je me rappelle une petite musique dans l'église. Une petite musique italienne... J'ai fermé les yeux. Et je me suis laissé bercer. Ensuite, il a fallu que mes fils me racontent certaines scènes pour que j'aie le sentiment de les avoir vécues. Les douze moniteurs de ski qui devaient porter les cercueils étaient vêtus de pulls rouges. Ils ont marché lentement vers l'autel. Six d'entre eux représentaient Morzine, les autres Avoriaz. Je les connais par leurs prénoms depuis qu'ils sont tout mômes. Ce sont des gars de la montagne. Alain m'a dit que certains d'entre eux avaient la larme à l'œil. Ça ne doit pas leur arriver souvent. Ce sont des rudes, les gars d'ici.

À la sortie de l'église, une dizaine d'amies d'Édith m'ont encerclé. « Viens, Jean-Jean, ontelles lancé, on t'emmène au salon de thé avec nous. » Il ne s'agissait pas des amies dont ma femme me parlait tant ces dernières années.

C'étaient des vraies copines d'Édith, celles-là : ses copines de l'équipe de France de ski. On a pris un thé et une pâtisserie. On a réussi à plaisanter un peu. Elles m'ont entouré comme si j'étais leur frère. Elles resplendissaient de santé. Depuis dix ans, Édith avait cessé de les voir, l'une après l'autre.

Ensuite, nous sommes allés au cimetière. La foule était toujours là, silencieuse. La plupart de ces gens avaient suivi la cérémonie à l'extérieur de l'église, grâce à un système de haut-parleurs. Ils avaient été stoïques en dépit d'un froid glacial. Ils avaient entendu les hommages que mes deux fils avaient rendu à leur mère et à leur frère. Ils avaient entendu aussi cette leçon de vie qu'Alain et Pierre avaient tenu à marteler d'une voix ferme. Alain nous a dit :

« C'est aujourd'hui, avec beaucoup d'humilité mais aussi beaucoup de fermeté, que je veux dire à tous nos amis et à tous les amis des hommes que maman et Patrick ont perdu pied. Ils ont glissé quand il fallait tenir bon. Soit, ils ont certainement été manipulés par des personnages mal intentionnés avec leurs idées de fiction et leurs utopies extrêmement dangereuses. Il n'en reste pas moins qu'il y a une grande leçon à tirer de ce drame. Nous avons tous le devoir de respecter la différence de pensée chez nos semblables. Et, dans ce but, il est absolument nécessaire d'avoir le courage d'exprimer son opinion à visage découvert ! Maman et Patrick n'ont malheureusement pas agi ainsi. Ils l'ont fait en se cachant alors qu'ils semblaient nous dire à demi-mot qu'ils connaissaient les clés d'un autre bonheur... Ils se battaient tous les deux dans un monde qui leur faisait peur et, depuis de nombreuses années, ils dénonçaient les travers d'une vie qui, je vous l'accorde, n'est pas toujours juste. Qui est même souvent impitoyable. Et pourtant, cette vie, cette terre, ces hommes, nous les aimons... »

Et Pierre a enchaîné avec ces mots :

« Je veux exprimer mon profond étonnement de constater un tel aboutissement de ce que vous avez entrepris.

« J'ai si souvent vu et entendu de toi, Édith, depuis toujours, puis de toi, Patrick, votre volonté à aider les gens, à entrevoir des solutions constructives et positives sur les difficultés que pouvait vivre votre entourage de près ou de loin.

« Comme un souvenir proche, j'entends encore vos conversations valorisant les richesses existant sur notre belle planète, les grandes entreprises qu'ont menées et peuvent encore mener les hommes de bonne volonté, qu'aujourd'hui, sans vouloir faire état des émotions qui m'habitent, je reste encore surpris et je dois l'avouer quelque peu en colère.

« Édith, tu as été comme une deuxième mère pour mon épouse Dominique et une amie pour celle d'Alain, Véronique.

« Tu aimais tant nos deux jeunes enfants, Yann et Quentin, qui souvent te réclament encore.

« Patrick, je te perds ainsi que tant d'autres gens qui t'aiment, sans avoir la chance de partager et jouir un jour du fruit de ce qui aurait pu être une longue vie pleine d'expériences enrichissantes, et vingt-huit ans, c'est si jeune pour mourir !

« Édith et Patrick, nous allons donc continuer à nous tourner vers l'avenir, car c'est grâce à cela que nous allons essayer de soulager cette profonde peine causée par votre disparition.

« Vous resterez tous les deux dans nos cœurs pour faire vivre éternellement l'amour que nous vous portons. »

Au cimetière, les gens ont défilé devant moi. Et ils m'ont serré la main. Sans un mot. Il ne restait plus grand monde quand un homme s'est détaché de la file et s'est planté devant moi. J'ai tout de suite reconnu sa belle gueule de montagnard, son regard de glacier. Adrien Duvillard, le favori de Squaw Valley, mon pote de l'équipe de France. Mon plus terrible adversaire aussi. Cela faisait longtemps que je ne l'avais revu. On s'était fâchés dans les années 70. J'avais renvoyé son jeune frère, Henri, de l'équipe de France. Adrien ne me l'avait jamais pardonné. Quand je l'ai vu s'avancer vers moi, j'ai immédiatement pensé à sa femme. Il l'avait connue à l'époque où je commençais à fréquenter Édith. Ils ont eu un accident de voiture, un jour, en descendant dans le Midi. Adrien était au volant. Il en est sorti indemne, mais sa femme est morte sur le coup. Il m'a regardé sans rien dire. J'ai soutenu son regard. Puis il a posé sa main sur mon épaule, en serrant. « Je sais, a-t-il soufflé au bout de quelques secondes. Je comprends... » C'est tout. Adrien est reparti comme ça. Seul. Mes fils l'ont vu s'éloigner vers la sortie du cimetière. Ils ne le connaissaient pas. Juste de nom. Ils n'ont pas bien compris pourquoi j'étais tellement ému, mais j'étais vraiment touché qu'il soit venu.

Le soir même, nous avons organisé un immense buffet à la maison. Le chalet peut contenir une trentaine de personnes au maximum. Nous étions cent cinquante. Les portes étaient grandes ouvertes. Les gens parlaient fort. Il y avait des éclats de rire. J'étais heureux que ça se passe ainsi.

Je me suis rappelé le temps où Squaw Peak abritait nos fêtes les plus folles. Le temps où Édith se levait de table pour aller danser. Le temps où nous étions cinq à la maison. Au cœur de la nuit, un vieux Morzinois est venu me dire qu'il n'avait jamais vu autant de monde dans le village qu'aujourd'hui. Je n'ai pas voulu le contredire. Au fond de moi, je savais qu'il y avait déjà eu plusieurs milliers de personnes dans les rues de Morzine. Ça n'était arrivé qu'une seule fois. Le jour où j'étais revenu des Jeux olympiques. Nous avions été reçus à la mairie, les gens applaudissaient aux balcons, et Édith s'accrochait à mon cou. J'ai raccompagné le vieux Morzinois. Je suis allé faire un tour dans le jardin. J'ai marché, les mains dans les poches. Puis je me suis adossé contre la clôture et j'ai regardé les étoiles. La nuit était glaciale.

LE DRAME DU VERCORS

Nîmes, 25 décembre 1995. Jean Vuarnet, à côté de son fils Alain, lit les journaux qui parlent du drame du Vercors, au cours duquel les corps de 16 membres de la secte du Temple solaire ont été retrouvés calcinés. Parmi eux : sa femme, et Patrick, son plus jeune fils.

UN COUPLE DE LÉGENDE

Jeunes et brillants sportifs, Jean Vuarnet et Édith Bonlieu se sont mariés à Saint-Gervais, en Haute-Savoie, en 1958. Leur couple allait devenir légendaire...

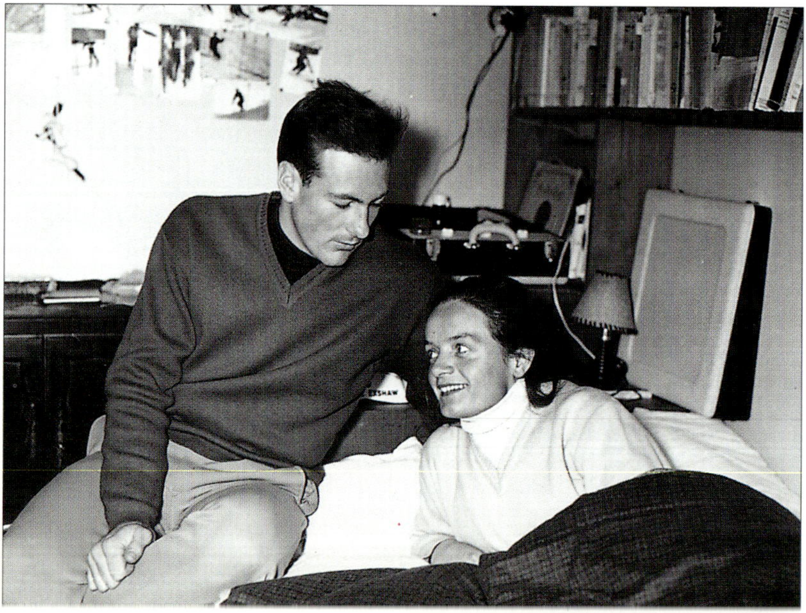

Le ski est leur univers, que ce soit pour de longues balades dans le massif du Mont-Blanc ou pour la préparation des compétitions.

Au centre, la photo d'Édith que Jean, Alain et Pierre Vuarnet ont choisie comme dernière image d'elle, à son enterrement.

LES ANNÉES GLORIEUSES

Aux Jeux olympiques de Squaw Valley, en 1960, Jean Vuarnet remporte la médaille d'or de descente, grâce à la « position de l'œuf » qu'il a inventée. À leur retour à Morzine, Jean et Édith sont accueillis triomphalement.

Les succès s'enchaînent : Jean Vuarnet fonde la station d'Avoriaz et développe la marque Vuarnet.

Ci-dessus : le premier immeuble d'Avoriaz, le Séquoia, construit sur un espace vierge, là où il n'y avait encore aucune infrastructure.

Ci-contre : Alain et Pierre Vuarnet, au pied du premier hôtel d'Avoriaz, les Dromonts ;

Ci-dessous : Alain, Pierre et Patrick, les trois enfants terribles, devant un des premiers magasins Vuarnet.

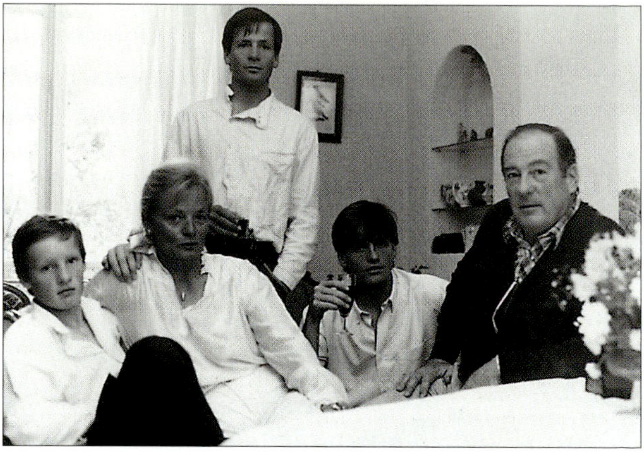

UNE FAMILLE UNIE

Page de gauche : le chalet Squaw Peak, construit peu à peu par Édith et Jean Vuarnet, était devenu un havre familial et amical. Comme la goélette *Tahoe*, sur laquelle la famille se retrouvait pour les vacances.

Ci-dessus : Édith et Patrick, déjà complices, à Squaw Peak ou sur la goélette *Tahoe*. Ils aimaient de plus en plus partir seuls, tous les deux, pour de longues promenades.

Ci-contre : Patrick et les deux chats : Isis et Osiris.

L'ENTERREMENT À MORZINE

Les moniteurs de Morzine et d'Avoriaz, gardes d'honneur des cercueils d'Édith et de Patrick Vuarnet.

Dominique, Pierre, Jean, Alain et Véronique Vuarnet, main dans la main, pour accompagner Édith et Patrick à leur dernière demeure.

10

Un grand vide

Qu'est-ce que je fais ici ? Je n'aime plus cette maison de Sionnet. C'est ici que tout a commencé. Le jour où on s'est installé en Suisse. Au début, je trouvais ça pratique : j'étais à vingt minutes de mon bureau, je connaissais la route par cœur et il n'y avait pas un chat. À 8 h 30, ma secrétaire m'apportait le premier café de la journée. Je jetais un œil sur les journaux du matin : *Le Figaro* et *La Tribune de Genève.* C'est dans ce journal, tout au long des quinze mois écoulés, que j'ai appris la plupart des informations sur l'Ordre du Temple solaire. Ensuite, Alain arrivait. Il me demandait des nouvelles de sa mère. Je n'avais pas grand-chose à lui raconter. Qu'elle n'était pas là, la veille au soir. Qu'elle était rentrée vers 23 heures et qu'elle était montée se coucher directement. Que, ce matin, elle dormait encore quand je suis parti. Nous avions des réunions toute la journée. À midi, je retournais à Sionnet pour déjeuner rapidement avec Édith, puis je repartais au bureau. Le soir, j'essayais de rentrer pour le journal télévisé. La route était encore plus déserte que le matin. Je conduisais vite. J'ai toujours conduit très vite. Édith aimait ça. Puis elle s'est mise à ne plus aimer. Elle avait peur. Elle trouvait que je prenais des risques. À la fin, elle ne montait plus en voiture avec moi.

Il ne s'est rien passé de bon dans cette maison. Les enfants n'y ont jamais vécu. Édith a emménagé dans sa propre chambre. Je me suis replié dans la mienne. Ces derniers temps, nous ne partagions même plus la salle de bains. Elle avait la grande. J'avais pris la petite. Je n'aimais pas la façon dont Édith s'adressait à Isabelle, notre femme de ménage. Elle était cassante, autoritaire. Elle lui collait les pires corvées. Patrick, lui, ne voulait pas qu'elle entre dans sa chambre. Il lui avait interdit également de s'occuper de son linge. J'ai su plus tard qu'il la trouvait « impure ».

Qu'est-ce que je fous là ? Je contemple les vignes aux alentours. J'arrache un poster que ma femme avait accroché dans sa chambre. Il représente deux dauphins plongeant dans des profondeurs pastel. Je ne sais pas pourquoi, mais il s'en dégage un vague parfum mystique. Comment ai-je pu laisser faire tout cela ? De toute façon, Édith détestait que j'entre dans sa chambre à l'improviste. La maison est trop grande, elle suinte l'ennui, et n'abrite plus que des fantômes. Je vais déménager. Je vais tourner la page.

Ça a été dur, très dur. Ça l'est toujours. Je crois que j'ai réussi à tenir le coup. À ne pas me laisser submerger par l'émotion. Je le dois à mes fils, à leurs épouses, à la famille de Véronique et à mon orgueil aussi. Je n'ai craqué qu'une seule fois. On a tous craqué. C'était au moment où je m'y attendais le moins. Ça m'a pris par surprise, à Nîmes, pendant le réveillon du jour de l'an. Nous étions une vingtaine à table. Comme pour Noël, nous avions décidé de ne pas nous laisser abattre. Je ne connais rien de mieux, dans ces cas-là, qu'une bonne bouffe entre amis. Huîtres, foie gras, sauternes, château-margaux, gambas à la royale... Au moment où la mère de Véronique apportait le plateau de fromages, Alain s'est levé de table. Je l'ai vu s'éloigner vers le salon où la télévision marchait en sourdine. Je n'y ai pas vraiment prêté attention. Quelques minutes plus tard, il est revenu en souriant. Il avait attendu que le présentateur annonce le décompte de minuit. Il a demandé le silence, l'index sur sa bouche, puis il a fait : « Attention ! 5, 4, 3, 2, 1... » Tout le monde s'est levé en même temps. Et on a commencé à s'embrasser. À la fin, Alain et Pierre sont venus à ma rencontre. Je les ai serrés contre moi. On est restés un bon moment soudés comme ça. Je ne sais plus lequel a dit : « Bonne année, papa... » Je n'ai rien pu répondre. On pleurait tous les trois comme des gosses. C'est bizarre. Il a fallu cette tradition stupide du jour de l'an pour qu'on prenne conscience que plus rien ne serait comme avant.

Je vais quitter Sionnet. Pierre a déjà commencé à tout déménager. Je préfère ne pas être là. Mes fils disent que je suis trop fatigué, qu'il faut que je me repose. Je crois surtout qu'ils n'ont pas envie que je remue trop de souvenirs. Je pense souvent à Pierre, ces jours-ci. Je n'ai pas assez parlé de lui dans ce livre. Si Alain, lui, s'est toujours trouvé à mes côtés dans cette épreuve, c'est qu'il vit à Genève, que nous travaillons ensemble chaque jour et qu'il est, sans doute, celui qui connaît le mieux le déroulement de cette histoire.

Pierre, qui était avec Dominique, Yann et Quentin à Montréal pendant les fêtes de Noël, n'a jamais su que des bribes de toutes nos mésaventures. Parfois, au téléphone, je lui racontais deux ou trois épisodes, mais je ne suis pas bavard. Et je savais si peu de chose. Pierre apprenait certaines informations sur sa propre famille dans la presse canadienne. Là-bas aussi, la dérive assassine du Temple solaire passionne le public. Di Mambro et Jouret avaient de nombreux relais au Québec. Il y a plusieurs Canadiens parmi les victimes de ces drames à répétition. Quand il nous a rejoints à Nîmes la veille du jour de l'an, Pierre semblait un peu perdu. À ce moment-là, nous évitions le plus possible de parler de la lente glissade d'Édith et de Patrick vers la mort. Je me retranchais dans de longs silences. Alain se noyait dans les détails de l'organisation des funérailles. Au détour de certaines phrases, pourtant, je voyais que Pierre était en état de choc. Qu'il ne comprenait pas. Qu'il n'osait pas trop insister. Mais qu'un jour il faudrait lui dire.

Combien de fois l'ai-je entendu s'exclamer : « C'est dingue ! » ou : « Non ! Je ne peux pas le croire... » Et si, Pierre. Tu peux me croire, maintenant. Ce livre est aussi le tien. Parce que je t'ai entendu raconter à Dominique les mille et un mensonges accumulés par ta mère et ton frère. Parce que j'ai senti que, chaque jour, tu découvrais des aspects inconnus de notre vie de famille et que tu en souffrais. Parce que j'ai compris, lorsque nous nous sommes retrouvés tous les trois à Morzine, que si tu passais de longues heures dans l'ancien mazot de Patrick, au fond du jardin, c'est que tu ruminais. Tu cherchais aussi des bouquins lui ayant appartenu. Toute cette littérature ésotérique à laquelle, comme moi, tu ne comprends rien, mais dont tu pensais qu'elle pourrait t'apporter ne serait-ce qu'un élément de réponse. Tu as déménagé Sionnet, tu as fouillé les tiroirs de ta mère, et balancé à la poubelle la quincaillerie de ton frère. Tu m'as aidé. Je sais que ça a été dur pour toi de découvrir tous les détails du drame à travers l'analyse méthodique à laquelle j'ai procédé pour écrire ce livre. Nous avions vécu les événements au fil des jours, tu as tout su d'un seul coup. Ça n'aurait sans doute rien changé, mais j'ai compris à quel point, ces deux dernières années, tu nous avais manqué.

Quelques jours après l'enterrement de ma femme et de mon fils, j'ai accepté de participer à une émission de télévision sur TF1. On m'avait expliqué qu'elle était programmée à 20 h 30 et qu'il y aurait beaucoup de monde devant le poste. La tragédie du Vercors s'était déroulée à peine trois semaines auparavant. Les gens étaient encore sous le coup de la nouvelle. Ils étaient « sensibilisés », comme on dit dans les bureaux des patrons de chaîne. C'était le moment d'y aller.

Je n'y suis pas allé. J'ai participé à l'émission,

mais je n'étais pas présent sur le plateau. Une équipe de TF1 s'était déplacée à Genève, sous la direction de Christian Brincourt, un vieux copain. Je tenais à ce qu'il soit là car j'avais la certitude qu'il ne me trahirait pas. Qu'il ne chercherait pas le sensationnel à tout prix. Dans ce genre d'émission en direct, on ne sait jamais où l'on met les pieds. Avec Christian, j'étais tranquille. Le duplex était organisé depuis l'appartement d'Alain. Pierre était avec nous. L'animateur nous a posé deux ou trois questions d'entrée. Puis il a passé la parole à un autre invité en soulignant que, jusqu'à la fin de l'émission, nous pouvions intervenir à n'importe quel moment.

Sur l'écran, ce soir-là, j'ai vu défiler un nombre de gugusses incroyable. Les sectes les plus fantaisistes (souvent les plus fanatiques) étaient représentées. Je n'avais pas envie de rire. Je n'ai pas du tout envie de rire depuis le 23 décembre dernier. Mais j'ai pensé que le pire danger n'était pas là. Ces types-là étaient trop « allumés » pour que le public puisse les prendre au sérieux. Leur dinguerie crevait l'écran. Il y en a une, en revanche, qui m'a donné le frisson. Cette jeune femme était la porte-parole de l'Église de scientologie. Elle présentait bien, souriait aux caméras, trouvait les parades adaptées à chaque accusation. Elle était en plein marketing. Elle plastronnait. J'étais à six cents kilomètres de là, mais j'avais l'impression qu'elle me narguait personnellement. Sa superbe était une insulte faite au souvenir de ma femme et de mon fils. C'est aussi pour cette raison que j'avais préféré ne pas me rendre sur le plateau. Je crois que je n'aurais pas supporté de me sentir entouré par ce genre de personne. Je crois qu'à un moment ou à un autre j'aurais cogné. Le problème avec le duplex, c'est que, contrairement à ce qu'avait annoncé le présentateur, je ne suis pas intervenu autant que je l'aurais voulu. C'est ma faute. Très vite, je suis redevenu téléspectateur. J'étais fasciné par les reportages en caméra cachée, par les interventions cyniques de tous ces marchands d'illusions. J'avais pourtant souffert au plus profond de ma chair. J'avais pourtant subi la plus terrible des épreuves. On attendait que je parle. Que je fasse pleurer la France. Et je n'y arrivais pas. Je ne pensais pas à moi. J'étais accablé par ce que je découvrais. La façon dont de pauvres bougres se faisaient piquer tout leur fric, les techniques de bourrage de crâne des uns et des autres, le guignol malsain du Mandarom... Plusieurs fois Brincourt a été obligé de me secouer : « Oh ! Jean... Vas-y, bon sang !... Quand tu veux ! » J'étais KO.

Le lendemain, un responsable de TF1 m'a téléphoné pour m'annoncer que l'émission avait été suivie par plus de dix millions de téléspectateurs. Le plus remarquable était qu'ils n'avaient pas décroché. Ils étaient restés jusqu'au bout. Comme moi, ils avaient dû tomber à la renverse en découvrant la face cachée de toutes ces entreprises d'avilissement. Une autre séquence m'avait marqué lors de cette émission. L'homme que l'on voyait à l'écran, lui, était passé de l'autre côté. Son nom, Thierry Huguenin, je le connaissais. Il avait fui l'Ordre du

Temple solaire deux ans plus tôt. Il avait l'air d'être en proie à d'effrayants démons intérieurs. Visiblement, il n'en était pas sorti indemne. Ce qu'il a dit – en détachant chacun de ses mots, comme s'il voulait que ses paroles entrent dans tous les foyers du pays – m'a paru à peine croyable. Cet homme a affirmé qu'il avait averti la police et la justice de l'imminence d'un nouveau « transit » chez les adeptes de l'Ordre du Temple solaire. Il avait prévenu, selon lui, les autorités aux alentours du mois d'octobre. Mais personne ne l'avait écouté.

À plusieurs reprises, j'ai été surpris par l'apparente passivité des autorités, justement. Dans les jours, dans les semaines qui ont suivi la mort de ma femme et de mon fils, j'ai eu la désagréable impression d'implorer les policiers de faire quelque chose. J'ai dû demander à être entendu – on ne sait jamais : j'avais peut-être des choses à leur révéler sur les miens, tout de même – et c'est encore à mon initiative qu'ils sont venus perquisitionner à notre domicile. S'il y avait le moindre indice, le plus petit début de piste, pour comprendre comment seize personnes avaient pu se donner la mort ainsi, en France, en 1995, je voulais qu'ils l'exploitent. Ils sont venus. Ils n'ont rien trouvé. Le soir, Alain est monté au grenier pour prendre des cartons de déménagement. Il a actionné la trappe au-dessus de l'échelle. Elle était envahie de toiles d'araignée. Visiblement, les policiers n'avaient pas daigné pousser leurs investigations jusque-là.

Moi-même, j'ai longtemps cherché quelque chose. Pas une preuve, non. Un mot. Un simple mot de ma femme. Une longue lettre, ou alors deux phrases griffonnées à la hâte. Je n'attendais pas qu'elle justifie son geste. Elle me connaissait trop. Elle savait que je le jugerais injustifiable. Jusqu'au bout, en revanche, j'ai cru qu'Édith n'avait pas pu partir comme ça. Sans au moins, après trente-cinq ans de vie commune, me dire au revoir. Me l'écrire. Et écrire aux enfants, aux petits-enfants, qu'elle les aimait. Le jour où j'ai compris que je ne trouverais rien, c'est lorsque nous sommes allés à sa banque. J'ai demandé qu'on ouvre le coffre de ma femme. Il y avait deux ou trois papiers sans intérêt. Aucun d'eux ne m'était adressé. Notre dernier espoir s'envolait. Je crois que mes fils étaient encore plus en colère que moi.

Pour le reste, je reçois énormément de courrier. La boîte aux lettres de Squaw Peak n'y suffit plus. Hier, c'est Alain Delon qui m'a écrit. Il n'a pas fait de grandes phrases. C'est mieux comme ça. Il a trouvé les mots que j'avais envie de lire de la part d'un homme que j'admire et que je ne connais pas. « Monsieur. Je ne sais que vous dire... Alors je ne vous dis rien. Si ce n'est que je pense à vous. Avec peine. Avec force. Avec rage. Et avec une fraternelle affection. » Je reçois une trentaine de lettres par jour, je les ouvre, je les parcours. Toutes me parlent de l'épreuve que je traverse. Des amis américains m'écrivent des mots de réconfort, des inconnus me parlent de leur propre expérience.

Je suis sensible à tous ces témoignages, que j'ai reçus par centaines. J'ai tenu à en restituer quelques-uns, parmi les plus touchants, en annexe de ce livre. Un jour, il faudra que je réponde à tous.

« Monsieur, m'écrit une mère de famille du Vaucluse. Permettez-moi de vous présenter toutes mes sincères condoléances pour ces deuils si cruels. Ma fille a adhéré à une secte (Témoins de Jéhovah) et je suis très, très inquiète bien que le dialogue ne soit pas rompu. Je la vois changer progressivement, mais que faire ? Je crois que nous ne devons pas nous sentir coupables. Après tout, pourquoi le serions-nous ? Ils ont fait leur choix, tous. S'ils ont fait ce choix, c'est que quelque part il y avait un manque non exprimé et une recherche qu'ils n'ont pas su diriger. Hélas ! Comment lutter contre ces affreux gourous désaxés ? Il ne nous reste que la foi en la vie. La vie est belle malgré tout et, très sincèrement, je vous souhaite, à vous-même et à toute votre famille, l'espérance d'un avenir confiant et affectueux. Recevez, monsieur Vuarnet, l'expression de mes salutations attristées. Une inconnue. »

À parcourir toutes ces lettres, je me demande parfois si je n'ai pas eu de la chance dans mon malheur. Je pensais que mon sort était plus cruel que n'importe quel autre. Je crois, aujourd'hui, qu'il est encore pire, pour un père, pour une mère, de savoir son enfant embrigadé dans une secte, loin de chez soi. Quelque part en France. Ou en Europe. D'admettre qu'il vous a renié. De ne pas avoir de ses nouvelles depuis des années. De ne pouvoir rien faire.

Peu à peu, je recommence à sortir de chez moi.

Je ne peux plus croiser personne sans qu'on vienne me saluer. Je sens parfois de la gêne dans certains regards ou de la curiosité. Mais c'est rare. Les gens auxquels je m'attendais le moins me racontent des histoires très personnelles. Ils se disent que je suis des leurs. Je les laisse parler. Ensuite, je vous jure que j'ai l'impression qu'ils vont mieux. L'autre jour, je suis allé chez le notaire. Je me doutais bien que ce ne serait pas une partie de plaisir. Je n'imaginais pas toutefois à quel point. Il y avait tout un tas de formalités à régler pour Édith et Patrick. Je me croyais blindé. Je me trompais. « Lequel des deux est mort le premier ? » Pardon ? Qui d'Édith ou de Patrick, vous voulez dire ? Mais qu'est-ce que j'en sais moi ! Et comment savoir ? Et quelle importance ? Lequel des deux est mort le premier ? Mais il n'y a que pendant la guerre, avec les camps de concentration, que cette question se posait ! Soudain l'horreur de la tuerie du Vercors me donne la nausée. Je n'en veux pas au notaire. Il fait son métier. D'ailleurs, avant de nous quitter, nous avons discuté du cas d'une personne que nous connaissons tous les deux, et qui vit depuis quinze ans dans une secte du midi de la France. Je n'en revenais pas ! Mais c'est bien la preuve que l'on ne parle pas facilement de ce genre de problèmes, même s'ils existent et sont très proches de nous.

En attendant, je me suis installé chez Alain et Véronique. Ils m'ont aménagé une chambre dans leur appartement de Genève. Je vais essayer de ne pas les déranger. J'ai peur de les gêner avec mes habitudes de vieux garçon – celles que j'avais fini par prendre, ces dernières années, lors de mes week-ends en solitaire : la fumée de ma pipe, mes nuits blanches, ma manie de la télé... Véronique est adorable avec moi. Elle s'est substituée à Édith qui était l'organisatrice de toutes les questions matérielles. Malgré ma propre activité d'homme d'affaires, c'est elle qui gérait les aspects administratifs et financiers de la maison. Je reconnais que, sans Véronique, aujourd'hui je serais perdu : je ne sais même pas comment fonctionne le système suisse de couverture sociale sur le plan privé ! Alain et Véronique n'ont pas l'air trop agacé. Je ne veux pas troubler leur vie, non plus, avec ma présence maladroite. Je ne suis là qu'en attendant. En attendant quoi, au juste ?

Le 18 janvier dernier, Véronique m'avait réservé une surprise. C'était mon anniversaire, mes soixante-trois ans. Pierre était là. On a dîné tous les quatre. La femme d'Alain m'a offert une chemise et un gilet. Ils ont le souci que je ne me laisse pas aller et reste présentable ! J'ai essayé les vêtements. Ils me vont très bien. À la fin du repas, aux alentours de minuit, on est allés s'asseoir sur le canapé. Véronique est arrivée avec une boîte de gros cigares. Pierre, Alain et moi en avons choisi chacun un. On s'est enfoncés côte à côte sur le canapé. Et on a fumé nos cigares en fermant les yeux. L'espace d'un instant, je me suis senti bien. Avec le décalage horaire, ensuite, Dominique a appelé de Montréal. Elle tenait à me souhaiter bon anniversaire. Puis Yann, l'aîné des fils de Pierre, a voulu me parler. Il va sur ses six ans. Il n'est au courant de rien. On a plaisanté quelques minutes. À la fin de la conversation, il m'a demandé de lui passer Patrick. Yann l'adorait. Patrick s'est toujours très bien entendu avec les enfants. Il était capable de jouer pendant des heures avec eux. Yann était son préféré. J'ai hésité un quart de seconde. Puis j'ai dit tout doucement, comme si le petit était dans mes bras : « Il est pas là, Patrick, aujourd'hui... Pas aujourd'hui, Yann... »

Je n'arrête pas de me dire qu'il faut que je réorganise ma vie. Réorganiser le vide, oui ! Bon. La maison de Sionnet va être vendue. C'est déjà ça. Ensuite, il faudra que je me trouve un petit appartement à Genève, pas trop loin du siège. Je ne peux pas m'arrêter de travailler. J'ai mis jusqu'à ma chemise dans notre projet de diversification. Alain fait des journées de seize heures en ce moment. Ça ne peut pas durer. Il va falloir que je m'y recolle sérieusement. Ça va m'aider à oublier. Le week-end, je monterai me reposer à Morzine. Je vais retrouver notre chalet. Celui-là, je le garderai jusqu'à ma mort. Squaw Peak avait été bâti en fonction des enfants. À leur rythme aussi. Ce chalet nous ressemblait, à Édith et à moi. Chacun de ses recoins me raconte encore notre histoire. Plus tard, je finirai mes jours à Squaw Peak.

Chaque jour, depuis le début de l'année, Pierre transfère des cartons de Sionnet à Morzine et, le week-end, nous essayons de ranger tout ça, après avoir quelquefois fait de la place au chalet, en triant trente-cinq à quarante ans d'objets hétéroclites jamais utilisés. Il faut que je réorganise ce chalet. Édith, peu à peu, l'avait vidé de tout ce qui m'était cher. J'ai ressorti des photos, des maquettes de bateau, j'ai racheté des couverts, j'ai retrouvé des livres, j'ai replacé des cendriers sur les tables – Édith me les avait tous planqués, elle ne supportait plus que je fume. C'est fou ce que j'ai pu retrouver comme vieilleries en mettant le nez dans les cartons. Je n'en reviens pas d'avoir pu amasser tout ça en... quoi ? Presque quarante ans, tout de même. Le soir, je m'assois près de la cheminée et j'observe mon chalet. Bientôt, il n'y manquera plus rien. Je crois que Pierre a encore un ou deux cartons qu'il doit ramener de Sionnet. Au téléphone, il m'a demandé si je savais où se trouvait ma médaille d'or. Il ne l'avait pas trouvée dans ma chambre, ni au salon, ni au grenier. Je l'avais oubliée, celle-là. Je ne pense pas l'avoir perdue. Il faut que j'y réfléchisse. C'est vrai, ça : où est ma médaille ?

11
Révélations

Un matin, au courrier, j'ai reçu une lettre qui a tout de suite attiré mon attention. L'écriture ronde, l'encre violette, et surtout ce qu'elle disait :

« Cher monsieur. Mon nom ne vous dira rien, mais je suis la maman de Thierry Huguenin. Je ne puis en l'état vous présenter de banales condoléances, mais sachez qu'avant le drame j'ai prié du fond de mon cœur pour votre épouse, pour Patrick et pour votre famille. Thierry a bien connu Patrick et aimerait en discuter avec vous. Peut-être que parler de votre fils vous aidera à calmer un peu de votre immense chagrin [...]. Monsieur Vuarnet, croyez à toute notre compassion pour votre famille, Thierry et moi nous tenons à votre disposition... »

Jusqu'à ces derniers temps – jusqu'à l'émission de TF1, en fait – j'avais très peu entendu parler de ce Thierry Huguenin. J'avais appris qu'il s'agissait d'un ancien adepte en rupture de ban avec Jouret, Di Mambro et leurs amis. Il avait sorti un livre, six mois plus tôt, où il racontait son existence quotidienne sous la férule des deux gourous et comment il avait échappé à la mort, de justesse, lors des suicides collectifs de Cheiry et Granges-sur-Salvan. « Huguenin, c'est un traître ! Son bouquin est nul, dégueulasse... », avait répondu Patrick, lorsque Alain lui avait demandé ce qu'il en pensait. J'ai sans doute eu tort, mais, à l'époque, je n'avais aucune envie de lire toute la littérature qui fleurissait sur le terreau de cette tragédie d'octobre 1994. Ça ne devait être qu'un bouquin de plus. Je ne l'ai pas acheté. À quoi bon se replonger dans l'horreur ?

Quand j'ai découvert le visage de Thierry Huguenin lors de l'émission à laquelle je participais, j'ai tout de suite compris que ce type était sincère. Il semblait torturé par une véritable peur. Son livre était un brûlot aux yeux de tous ceux qui pouvaient encore se réclamer de Jouret et Di Mambro. Huguenin se sentait menacé depuis qu'il avait quitté l'Ordre du Temple solaire avec perte et fracas. Il était seul.

La lettre de sa mère, ce matin-là, m'a convaincu. Je ne veux pas finir ce livre sans en avoir le cœur net. En l'écrivant, j'ai essayé d'être le plus honnête possible sur ma vie et sur celle de ma famille. Je n'ai rien caché de notre bonheur, de nos dissensions, des défauts des uns et des autres, de mon sentiment d'impuissance. Il n'est jamais facile de se lancer dans l'autocritique, mais le combat qui est le mien, à présent, m'y oblige. La fatalité n'explique pas tout. Ma femme et mon fils sont morts. Je n'ai pas vu le coup arriver. Pas suffisamment. J'ai attendu qu'Édith et Patrick viennent à moi. Je ne suis pas assez allé vers eux. Pendant des années, ils ont mené, à mon insu, sous notre toit, une existence parallèle. J'ignorais beaucoup de choses. J'en ignore encore trop.

Inconsciemment, j'ai sans doute reculé ce moment. Ce n'était pas un manque de courage de ma part. Plutôt la crainte de découvrir des aspects inconnus de la vie d'Édith et de Patrick. D'en apprendre encore sur leur compte. Mais c'est la règle du jeu, désormais. Ce matin, je suis prêt.

J'ai demandé à Alain de décrocher le téléphone et de brancher le haut-parleur. Je me suis assis avec Pierre à ses côtés. Pendant toute cette conversation, je lui passerai des questions que j'ai griffonnées sur un bout de papier.

– Monsieur Huguenin ?

– Oui.

– Alain Vuarnet à l'appareil. Mon père est à côté de moi. Il écoute. Nous avons branché le haut-parleur.

– Si vous saviez à quel point je désirais discuter avec vous. J'ai très bien connu Édith et Patrick, vous savez. Je suis vraiment ému de vous entendre et de vous parler. Je suis tellement avec vous. J'aurais aimé vous rencontrer plus tôt, mais je n'ai jamais osé. J'étais devenu l'ennemi juré de Patrick depuis que je ne suivais plus la doctrine. Je savais que la tragédie se préparait... Je les ai vus marcher vers le précipice. J'aurais tellement voulu faire quelque chose... J'ai essayé de lui dire, mais je n'ai jamais réussi. Jamais... J'ai mis tant de temps, moi-même, à m'en sortir.

– Auparavant, vous étiez l'ami de Patrick?

– C'était plus qu'une amitié, c'était quelque chose d'indéfinissable, de profond, de vrai. Ce n'était pas un truc faux. On partageait cette cause qu'on croyait juste. Ça m'est égal, aujourd'hui, de savoir que Patrick m'a pris pour un traître. Quand j'ai quitté l'Ordre, Di Mambro avait décrété que j'étais un être démoniaque. Si vous saviez comme Patrick et Édith ont pu être manipulés...

– Depuis quand, exactement, étaient-ils manipulés? Quand est-ce qu'ils sont entrés dans la secte? Ils continuaient à tout nous dissimuler, vous savez...

– Je crois que le malheur de beaucoup de gens comme votre frère et votre maman, c'est qu'ils sont arrivés vers la fin du mouvement. Édith est partie du bas de l'échelle. Quand Di Mambro a vu que l'argent ne rentrait plus dans les caisses, il a commencé à se rabattre sur des personnes qui pouvaient avoir des ressources financières. À partir de ce moment-là, on a vu Édith arriver dans les hautes sphères... Auparavant, il faut savoir que des gens comme moi, des gens qui étaient entrés dans le mouvement depuis presque quinze ans, avaient tout donné. Je suis allé jusqu'à vendre ma chevalière de famille pour Di Mambro. Cet homme ne pouvait pas se passer de cette cour qui lui était entièrement dévouée, qui lui faisait ses sales besognes, lui rendait mille et un services. Il a fallu qu'il s'en constitue une nouvelle. Patrick a été fait chevalier au bout de quelques mois. S'il avait pu lui mettre dix capes sur le dos le même soir, il l'aurait fait.

– Il faut tout nous dire, Thierry. Nous avons besoin de comprendre. C'était quoi au juste le rôle de Patrick ?

– Mais Patrick a été son esclave, comme je l'ai moi-même été. Dès qu'il a côtoyé Di Mambro, il a perdu tout sens critique. Vous savez, cet homme avait une dimension négative, mais il détenait, je vous l'assure, un vrai pouvoir d'attraction. Il pouvait mettre les gens dans une situation où ils se retrouvaient, comment dire...

– ... Prisonniers ?

– C'est ça, oui, prisonniers de son emprise.

– Mais il les manipulait, les aveuglait, c'était un escroc, ce type !

– Bien sûr, mais comment vous expliquer ça en deux mots ? Avec ses histoires de réincarnation, la terre n'était rien par rapport à l'au-delà... il trouvait le moyen d'inscrire en nous l'idée que tout ce que nous vivions était futile et éphémère. Peu importe la joie, le bonheur, le malheur, rien n'avait d'importance puisque, là-haut, il y avait cette vérité qu'on atteindrait un jour.

– Il vous faisait peur ? Vous menaçait ?

– Il nous terrifiait, vous voulez dire. Avec Zurich, nous avions une épée de Damoclès au-dessus de la tête...

– Qu'est-ce que c'est, Zurich ?

– Vous allez me prendre pour un dingue, Alain...

– Mais non, continuez, je vous en prie. C'était quoi, Zurich ?

– Ben voilà, à Zurich, sous la ville, dans un souterrain, il y avait une salle de commandement où se réunissaient les trente-trois frères aînés de la Rose-Croix, les maîtres de la galaxie en quelque sorte. Di Mambro était leur porte-parole, leur ambassadeur auprès de nous. Il nous disait : Attention ! Zurich vous surveille, Zurich vous a donné telle mission, vous avez deux jours pour la remplir ; Zurich est furieux, il va vous sanctionner. Les trente-trois maîtres surveillaient le moindre de nos faits et gestes, et on avait la trouille de mal faire, voilà tout...

– Patrick aussi avait peur ?

– Sûrement ! C'était une peur intérieure, une peur dont on ne pouvait pas se défaire. Même la présence des proches, la vôtre, celle de votre père, était impuissante à l'enrayer. Nous étions des esclaves, Alain...

– Papa me demande si vous pouvez nous donner un exemple de mission pour Patrick ?

– Une mission, ça pouvait être beaucoup de choses. Divorcer, par exemple, parce que le cycle de votre histoire avec votre femme ou votre mari était terminé. Ou bien, au contraire, partager sa vie avec une personne qu'ils avaient eux-mêmes désignée. C'est comme ça que Di Mambro a installé Dominique Bellaton au cœur de l'existence de votre frère. Et cette femme l'a souillé, je vous jure. Elle l'a complètement perverti.

– Plus le temps passait, plus il avait l'air fatigué. À la fin, il ne ressemblait plus à rien...

– Si vous m'aviez vu, Alain. Sur ordre de Zurich, on m'avait demandé de suivre des cours d'agriculture dans le midi de la France. Et puis, le soir, je devais jardiner, à quatre pattes, sans le moindre outil, dans l'une des propriétés du Temple. J'allais me coucher, épuisé, lessivé, quand Di Mambro m'appelait au téléphone : « Il faut que tu te rendes d'urgence à Genève ! » J'y allais et, là-bas, on m'annonçait que la mission avait été annulée. Qu'il fallait que je reparte immédiatement suivre mes cours. Je dormais au volant. Complètement ivre !

– C'est courageux, Thierry, de nous raconter ça...

– ... Mais je n'ai plus rien à perdre. Di Mambro nous en a tellement fait voir. Nous n'avions même pas la possibilité de nous nourrir correctement. Jouret nous demandait d'avaler n'importe quoi. J'ai su qu'il m'avait empoisonné plusieurs fois en me demandant de manger des céréales pourries. Comme elles étaient cuites, sur le moment on ne s'en rendait pas bien compte.

– Parlez-nous de maman, maintenant...

– Elle était belle, votre maman. Elle avait un regard qui disait tout. Elle avait une de ces grâces ! Avec sa tunique, elle avait l'air d'une vraie princesse. Ou d'un ange, comme vous voudrez...

– Elle avait un nom aussi. C'était peut-être une caution ?

– Oh oui, j'en suis convaincu. Di Mambro devait se vanter de l'avoir parmi ses disciples. Aujourd'hui, on sait qu'il y avait dans l'Ordre plusieurs personnalités. Alors, pensez, la femme d'un ancien champion olympique ! Il devait être fier de lui, ce salaud...

– Il aurait pu la faire chanter ?

– Je n'en sais rien. En revanche, je me souviens qu'il était terrible quand un adepte prenait ses distances ou, pire, menaçait de porter plainte. Et je suis bien placé pour vous en parler.

– Papa me demande la date de son entrée dans la secte...

– ... Je ne peux pas vous la dire avec précision, monsieur. Je pense qu'elle a dû commencer à assister aux conférences de Jouret au cours de l'année 88...

– En 88, vraiment ?

– Oui, dans les clubs Archédia. C'étaient des lieux de séminaires qui avaient pignon sur rue et qui servaient à recruter.

– Et puis il y a eu son voyage en Égypte, non ?

– Ah, très important le voyage en Égypte. Je crois qu'Édith l'a fait une année avant Patrick.

– Ça devait être en 90, puisqu'on a retrouvé le billet de Patrick qui date de 91. L'agence de voyages s'appelait l'agence « Hors du temps ». Elle était dirigée, je crois, par Dominique Bellaton...

– C'est bien ça, oui. Di Mambro accompagnait ses disciples en Égypte ou en Israël pour leur faire des révélations. Toujours cette histoire de réincarnation. Peut-être qu'Édith a découvert là-bas qu'elle était une reine. Mais je suis incapable de vous dire laquelle...

– Elle ne se serait pas appelée Isis par hasard ?

– Pourquoi me dites-vous ça ?

– Maman a eu deux chats qu'elle avait baptisés Osiris et Isis. Osiris a disparu de la maison il y a plusieurs années, mais il nous reste Isis...

– ... Ça va, Alain, j'ai compris. Je ne vais rien vous cacher : Osiris, c'était le nom antique de Di Mambro, et Isis celui de sa femme. Ils étaient aussi obsédés par la légende du roi Arthur...

J'ai baissé la tête. J'ai reposé ma pipe. Il y eut un petit moment de silence. Pierre a fait un signe d'impatience avec la main. Il voulait qu'Alain enchaîne avec une autre question. Il était pressé de savoir. De tout savoir. Alain a improvisé :

– Excusez-moi, Thierry, mais avec mon père nous n'avons jamais compris pourquoi Jouret et Di Mambro s'étaient donné la mort ?

– Écoutez, dernièrement, j'ai encore appelé une amie dont la fille a péri dans le massacre. Elle m'affirme avoir reconnu le visage de Di Mambro. Il faut croire qu'il est vraiment mort avec les autres. Je n'ai qu'une hypothèse à vous donner : Di Mambro avait perdu de son influence. Son étoile, si l'on peut dire, s'était ternie. Je n'ai pas été le seul à découvrir ses manipulations financières, ses fausses apparitions dans les sanctuaires. Peu à peu, il a été démasqué. Je ne vois que ça pour expliquer son suicide.

– Mais alors qui a pu décider le deuxième carnage ?

– Je vous l'ai dit l'autre jour à la télévision. Au mois d'août dernier, Christiane Bonet, qui était très proche de Di Mambro, a envoyé une lettre de dix pages à ses parents pour expliquer qu'elle comptait rejoindre son maître. Un des membres de la famille Bonet m'a lu la lettre au téléphone. Avec mon avocat, nous l'avons retranscrite sur papier. Je vous jure sur la tête de mes deux fils que nous avons averti les autorités. J'ai eu trois inspecteurs de police au bout du fil. Je les ai mis en garde contre un nouveau transit. Mais ils avaient l'air de me prendre pour un illuminé...

– Vous aviez donné des dates, en plus ?

– C'est là qu'il y a une énigme. J'avais indiqué des créneaux qui correspondent, sur le plan astrologique, à des périodes propices. J'avais insisté sur le solstice d'hiver et la période précédant Noël. Mais le massacre a eu lieu une semaine avant l'ouverture du créneau. Ça, c'est vraiment troublant.

– Que voulez-vous dire ?

– Que, sur les treize victimes – je ne compte pas les enfants, bien sûr –, il ne devait pas y avoir plus de quatre personnes au courant de ce qui se tramait...

– Et Patrick faisait partie des quatre ?

– Non, c'est impossible.

– Qu'est-ce qui vous fait dire ça ?

– Pas lui, je le connaissais trop bien. Il était dans l'élite, mais il y avait beaucoup plus fanatique. Je n'ai pas envie de donner des noms.

– Mais qu'a-t-on pu raconter à maman pour qu'elle parte si soudainement ?

– Qu'il allait se produire un phénomène. Que Di Mambro allait se matérialiser dans quelques heures, je ne sais pas...

– Vous n'excluez pas des complicités, alors ?

– Malheureusement pas. Il y a encore beaucoup de fous qui rôdent autour du Temple solaire. Vous savez, les deux corps qui n'étaient pas disposés en étoile ont pu être déplacés. Cela aurait été une manière habile de les désigner comme les assassins.

– Pierre, mon frère, me demande pourquoi on a recouvert leurs têtes d'un sac plastique ?

– Il y a peut-être une raison symbolique. Dans nos enseignements, on nous disait qu'il fallait descendre dans la nuit noire, un peu comme un corbeau, pour pouvoir ensuite remonter en colombes...

Alain a raccroché. Nous nous sommes regardés sans dire un mot. Pierre s'est mis à tourner en rond. Il semblait perplexe. Thierry Huguenin nous avait retournés. En une heure, il nous en avait plus appris qu'en deux ans. Je pensais avec peine à cet homme. Il avait vécu, lui aussi, un enfer. Il semblait porter toutes ces morts sur les épaules. Plusieurs fois, il nous a confié qu'il craignait pour sa vie et celle de ses garçons. La nuit, il rêvait de Di Mambro qui ouvrait la porte de sa chambre, un colt à la ceinture. Alain l'a réconforté. Il a promis de l'inviter à dîner quand la vie aurait repris son cours. On se taperait tous ensemble un bon gueuleton. On parlerait de tout et de rien.

Avec ce coup de fil, Thierry Huguenin venait de nous libérer d'une angoisse. Longtemps, en effet, Alain a craint que son petit frère n'apparaisse comme un complice et, pourquoi ne pas l'avouer, comme un des commanditaires de ces massacres. Il avait même fini par semer le doute dans mon esprit. Nous étions désormais rassurés. J'avais appris, en outre, ce que j'avais toujours pressenti : les Vuarnet avaient bel et bien constitué une cible programmée. Jouret et Di Mambro pistaient les personnalités et recherchaient des cautions prestigieuses. J'étais sans doute dans le collimateur. Mais je n'ai pas une âme d'enfant. Ça se sait. La foudre est tombée sur Édith et sur Patrick. Les autres leur ont fait miroiter un joli jouet. Puis, un jour, le jouet s'est cassé. Une balle dans la tête...

12
Révolte

Le moment est maintenant venu de m'adresser aux salopards – oui, aux salopards – qui ont assassiné Édith et Patrick, ou qui les ont poussés à se donner la mort. C'est pareil. Peu m'importe les circonstances exactes de leur départ. Ils nous les ont volés. C'est tout. Et ma peine n'effacera jamais la colère qui monte en moi.

À tous ces salopards, donc, je veux dire à quel point je les méprise. À quel point il était facile d'abuser des souffrances que traînait Édith depuis sa tendre enfance. De jeter le trouble dans l'esprit de mon fils – ce garçon qui rêvait de devenir un champion mais qui, par faiblesse physique et morale, n'en avait sans doute pas l'étoffe. Messieurs les gourous, messieurs les chevaliers de je ne sais quoi, vous êtes des criminels. Vous avez détruit notre bonheur, mais de là où vous êtes, morts ou vivants, vous m'aurez en face de vous.

Pour vous répondre, j'ai écrit ce livre. Je l'ai fait sans concession. En essayant de ne jamais occulter mes propres fautes, mes trop longues absences, notamment. Je l'ai fait sans fard. J'ai accepté de dévoiler notre intimité en public et de révéler – qu'ils me le pardonnent – quelques moments douloureux de la vie des miens. Je ne me suis pas comporté comme vous, messieurs. Je ne me suis pas camouflé. Vous me donnez l'occasion aujourd'hui de livrer mon dernier combat. Sachez encore que je n'ai jamais eu pour habitude de les perdre. Ce combat, je le mènerai non pas en coulisses, mais en pleine lumière. À la télévision, à la radio, dans les journaux, partout où l'on me posera les mêmes questions : pourquoi ? comment ?

J'agirai avec rage, mais aussi avec calme. Je n'écrirai pas de lettres désespérées au président de la République. Je ne m'enchaînerai pas aux grilles d'un palais de justice. Je ne ferai pas non plus de grèves de la faim. Ce n'est pas mon style. Surtout, cela vous ferait trop d'honneur. Je me contenterai de décrire votre cynisme chaque fois que l'on m'en fera la demande.

Ce sera ma manière à moi de vous mettre à genoux.

Au cours de ma vie, j'ai souvent croisé des salauds, des hommes sans foi ni loi, des esprits pervers et irresponsables. Je ne leur ai jamais fait de cadeaux. C'est peut-être durant la guerre d'Algérie que j'ai appris à les connaître. Je me souviens de deux scènes qui m'ont longtemps hanté. À quelques kilomètres de notre cantonnement se trouvait un village harki. Il était dirigé par un vieil homme qui avait combattu aux côtés de la France pendant les deux dernières guerres. Il était bardé de décorations et fier de ses batailles. Une nuit, un commando du FLN a dévalisé le stock d'armes dont il avait la charge. Il fut immédiatement soupçonné de trahison par l'armée française. Dans la cour du château qui nous servait de quartier général, je l'ai aperçu attaché sur une chaise. Il avait la tête en sang. Je me suis approché de lui. Je lui ai donné un peu d'eau. Il ne comprenait rien de ce qui lui arrivait. C'était comme si son monde s'était écroulé. Deux jours plus tard, mon adjudant-chef m'a fait une proposition. « Dites, Vuarnet, vous qui êtes costaud, vous qui êtes si sportif, vous ne feriez pas un peu de renseignements ? » J'ai tout de suite compris ce qu'il voulait dire. Je l'ai fixé droit dans les yeux. « Mon adjudant, je veux bien cogner sur quelqu'un, mais pas sur un homme qui a les mains ligotées. Même sur ordre, je ne ferai pas n'importe quoi... » Il n'a pas répondu. Il a juste affiché ce petit rictus vicelard qu'il affectait dans ces moments-là. J'ai été mis à l'écart. Je n'avais pas cédé. Je voulais pouvoir me regarder dans une glace.

J'ai appris par la suite que, lors d'une embuscade dans laquelle sont tombés l'adjudant-chef et sa compagnie, il avait été abattu de plusieurs balles dans le dos. C'est en rentrant à la garnison que j'ai su ce qui s'était réellement passé : il avait été tué par ses propres hommes. Des appelés du contingent qu'il avait peu à peu, avec ses exigences de tortionnaire, amenés au désespoir.

Luc Jouret et Jo Di Mambro auraient mérité le même sort. Pour des raisons que j'ignore – faillite financière, maladies, crainte de démêlés judiciaires... – ils ont choisi d'en finir eux-mêmes avec leur vie d'escrocs. C'était leur choix. Ce n'était pas une raison pour entraîner derrière eux une cinquantaine d'adeptes, dont tous ces enfants. Faut-il rappeler qu'au Canada, à Morin Heights, les policiers ont retrouvé un bébé de trois mois, un coupe-papier planté dans le ventre ? Peut-être, oui.

En s'immolant par le feu, les gourous du Temple solaire savaient sans doute qu'aux yeux des « survivants » ils légitimaient ce départ collectif. Dans sa toute première confession, Patrick nous avait bien dit que, s'il apprenait que Jouret ou Di Mambro n'étaient pas au nombre des victimes, c'est qu'il s'était fait « couillonner » sur toute la ligne. Aux derniers adeptes de ce temple en perdition, je lance donc cet avertissement : rien ne prouve que ma femme et mon fils soient partis dans le Vercors en sachant ce qui les attendait. Rien ne dit qu'ils étaient consentants. Mais cela, on ne le saura jamais. Le mal est fait.

Il a fallu que ce malheur s'abatte sur la famille pour que je prenne conscience que le développement des sectes constituait un vrai fléau. Jusque-là, je n'y avais prêté qu'une lointaine attention. Je me disais même parfois que les médias, dans leur quête de sensationnel et d'émotions fortes, exagéraient le caractère pernicieux de toutes ces Églises parallèles. Par nature, l'occultisme est un sujet qui excite les imaginations. Les sociétés secrètes ont toujours cristallisé le rejet, quand ce n'est pas la haine. Qu'y a-t-il au juste de nouveau depuis les premières communautés chrétiennes : leurs réunions nocturnes, leur goût pour la sorcellerie et la magie ? Autant le dire, tout le tintamarre que la presse pouvait faire autour des mariages collectifs du révérend Moon ou des mœurs d'Hare-Krishna me laissait un peu rêveur. Je n'y voyais que le fait de doux fêlés, plutôt inoffensifs. Je me trompais. Aujourd'hui, j'ai payé pour le savoir.

La mort d'Édith et de Patrick a coïncidé, à quelques jours près, avec la sortie du premier rapport d'enquête parlementaire consacré aux sectes. Il avait été initié à la suite du massacre de Cheiry et de Salvan. Aujourd'hui, sa lecture est un acte de salubrité publique. Il est accablant.

Parce qu'il est de mon devoir désormais d'informer, je vous livre, telles quelles, les premières lignes : « 88 membres de la secte des Davidsoniens morts par suicide ou à l'issue d'affrontements avec la police à Waco au Texas le 19 avril 1993 ; 53 membres de la secte du Temple solaire morts suicidés ou assassinés en Suisse et au Canada le 4 octobre 1994 ; 11 morts et 5 000 blessés dans l'attentat au gaz perpétré dans le métro de Tokyo par la secte Aoum le 5 mars 1995 : sans revenir sur des faits plus anciens – mais tout le monde a en mémoire le suicide collectif des 923 membres du Temple du Peuple en Guyane en 1978 – voilà, sur moins de trois ans, le bilan des agissements criminels les plus graves dont se sont rendues coupables certaines sectes. Lorsque surviennent de tels faits, les médias s'empressent de titrer sur le phénomène sectaire, l'opinion s'émeut – à juste titre – puis l'attention retombe jusqu'à l'épisode spectaculaire suivant qui fera l'objet du même traitement. Mais, pendant ce temps-là, un certain nombre de sectes continuent insidieusement à accomplir leurs méfaits quotidiens dans l'indifférence générale. »

On ne peut malheureusement pas être plus clair. C'est la mort qui, aujourd'hui, est au bout du chemin. Édith et Patrick sont partis pour toujours. Mais si leur disparition peut servir à quelque chose, ce sera bien à cela : briser un peu plus le tabou qui entoure cette mortelle maladie...

Quelques chiffres que j'ai glanés ici et là suffisent à mesurer l'importance du phénomène. Selon les parlementaires, plus de cent soixante-dix sectes seraient actuellement disséminées sur le territoire français. Les Renseignements généraux, eux, estiment à cent soixante mille le nombre d'adeptes plus ou moins occasionnels, et à cent mille le nombre de sympathisants. Je ne peux pas publier ici la liste de toutes ces organisations, de toutes ces alliances, ces centres, ces communautés, ces pseudo-écoles qui ont fait de la manipulation mentale une spécialité. Il faudra le faire un jour.

Il est tellement simple d'endoctriner les gens, de leur ôter tout sens critique, de les subjuguer. De les aveugler, même. Il est tellement simple aussi de leur apporter, du moins au début, l'illusion d'un nouveau bien-être et d'une nouvelle énergie. Mon père, qui était un médecin traditionnel, m'avait raconté une histoire qui illustre bien la force du psychisme sur les individus. L'un de ses patients souffrait de ce qu'on appelle vulgairement une

« descente d'estomac ». Il ne pouvait pas grand-chose pour lui. Un jour, cependant, voilà qu'il réapparaît, gaillard, en pleine forme. « Je suis allé voir, lui révèle-t-il, un guérisseur à Saint-Michel-de-Maurienne. Il m'a palpé. Il s'est mis à me parler et puis, très vite, tout est allé mieux ! » Mon père a gardé son sérieux. Il lui a proposé de lui faire une radio avant et après son prochain passage chez le guérisseur. Lorsqu'il a comparé les deux clichés, mon père fut pris d'un fou rire. « Regardez, mon vieux, votre estomac est tombé encore plus bas ! » Son patient était effondré. Il avait perdu toutes ses illusions. Dans la seconde, il a recommencé à se tenir le ventre. Mon père quant à lui, devant cette réaction, se jura de ne plus intervenir dans de tels cas.

Récemment, j'ai lu le témoignage d'un jeune homme qui avait passé plusieurs années dans une secte. Il ne disait pas autre chose : « Si on se mobilise, c'est sûr, on augmente ses capacités. Les troubles fonctionnels légers – petits maux d'estomac, de tête ou rhumatismes – disparaissent pour peu que l'on ait une forte motivation. Les sectes obtiennent donc des résultats. C'est vrai que l'on augmente ses capacités, c'est vrai que si l'on se mobilise autour de n'importe quoi, même au sujet du culte de la betterave, on peut devenir meilleur, plus fort, plus efficace, et plus dynamique [...]. Nous sommes tous tentés de développer notre potentiel. Qui d'entre nous ne le serait pas ? » Édith, elle-même, avait confié à Véronique, notre belle-fille, que Jouret lui avait fait du bien. Qu'il avait apaisé ses douleurs, au dos, à la nuque, qu'il lui avait souvent remonté le moral quand elle plongeait dans une crise de cafard. Ce qu'elle ne lui disait pas – parce qu'elle n'en avait pas conscience – c'est que ce même Jouret avait bientôt programmé de l'épuiser. En lui imposant chaque soir de laver, à quatre pattes, les carreaux de la cuisine. En lui interdisant de manger certains aliments. En l'astreignant sans doute aussi – mais je préfère ne pas en connaître le détail – à d'hallucinantes séances de transes...

Les sectes, oui, sont insidieuses. Dans leur fonctionnement, dans leurs rapports avec les adeptes, elles finissent par se comporter à l'opposé même des valeurs qu'elles prônent à longueur de journée : le respect d'autrui, la fraternité, l'amour. Ce sont des entreprises de bandits. Des multinationales de la tromperie permanente. On devrait pouvoir s'en moquer. Mais ces marchands de chimères se sont transformés, d'année en année, en pourvoyeurs de mort, physique ou mentale.

Aujourd'hui, la nation, portée par l'opinion, est face au mur. Dans leurs conclusions, les parlementaires qui ont planché sur la question affichent leur inquiétude. « L'État, écrivent-ils, ne peut, à l'évidence, laisser se développer en son sein ce qui, à beaucoup d'égards, s'apparente à un véritable fléau. Rester passif, ajoutent-ils, serait non seulement irresponsable à l'égard des personnes touchées ou susceptibles de l'être, mais dangereux pour les principes démocratiques sur lesquels est fondée notre république. » Belle déclaration d'intention... Jolie mise en garde... Vous voilà engagés, messieurs, vous qui préparez et votez nos lois. Vous n'avez plus le droit de faillir à vos devoirs. Vous n'êtes pas seulement les représentants de nos aspirations. Vous êtes aussi ceux de nos tragédies. Ne l'oubliez pas. Ne l'oubliez plus jamais.

Certains soirs, pourquoi ne pas l'avouer, j'ai des envies de cogner. Sur qui au juste ? Je ne le sais même pas, malheureusement. Mais j'ai envie de cogner, oui. Je suis conscient que ces propos ne sont pas raisonnables. Mais je sais maintenant, au plus profond de moi, ce que peuvent ressentir les parents d'une gosse qui a été violée. J'ai appris que, selon le ministère de la Justice, sur les soixante plaintes relatives aux sectes adressées aux parquets généraux des cours d'appel entre 1990 et 1995, vingt-sept procédures ont été engagées. Elles concernaient, dans le désordre, des faits d'escroquerie, des homicides involontaires, des détournements de mineurs, des séquestrations de personnes, des violences, des injures... Sur ce total, seize ont donné lieu à un classement sans suite, sept à un non-lieu et trois, seulement trois, à une condamnation définitive. De qui se moque-t-on ? Ira-t-on jusqu'à classer la mort de soixante-sept individus ? (Permettez-moi de décompter celles de Jouret et de Di Mambro.) Ira-t-on jusqu'à cet affront ?

À plusieurs reprises, j'ai eu l'occasion d'exprimer ma souffrance et ma colère à mon ami Pierre Mazeaud. Lui qui siège à l'Assemblée nationale m'a promis de tout faire pour que les promesses formulées par les politiques ne se réduisent pas à des vœux pieux. Il a compris que, sur ces sujets-là, on ne peut pas donner du temps au temps. Quelque part, je ne sais où, des hommes et des femmes souffrent de ne pas avoir été conviés à ce transit pour Sirius. Ils sont au bord du précipice. Certains, comme Jean-Pierre Lardanchet, ou comme Ute, la dernière compagne de Patrick, ont peut-être des enfants. Peut-être, à l'heure où j'écris ces lignes, envisagent-ils d'embarquer leurs petits dans la nuit noire, au fin fond d'une clairière. Je ne peux plus supporter cette idée. Je ne peux plus penser à ces images. Oui, Pierre, je compte sur toi pour répondre à l'urgence. Tu es un montagnard, comme moi. Tu n'as jamais laissé un gars au bord du chemin.

En Italie, ma deuxième patrie, il existe un délit que l'on appelle le « plagio ». C'est le délit de l'envoûtement. Toute personne qui exerce une pression sur un individu en utilisant des pouvoirs de fascination peut être poursuivie et condamnée. Chez nous, la commission d'enquête a, semble-t-il, déjà enterré toute idée de régime spécifique aux sectes. « Par incompatibilité avec plusieurs de nos principes républicains », disent-ils. La liberté d'opinion et de croyance, sans doute. C'est possible. Mais ce n'est pas l'avis de tout le monde. Peu après l'annonce de la mort d'Édith et de Patrick, j'ai reçu le soutien d'une association, l'UNADFI, qui lutte jour après jour contre les dérives sectaires. Ce ne sont pas des croisés. Encore moins des hystériques. Ce sont juste des personnes responsables qui, pour la plupart, ont souffert dans leur chair. Désormais, je suis des leurs.

L'UNADFI a fait une proposition séduisante : l'instauration d'un délit de manipulation. Voici comment cette association le justifie : « Pour ce faire, il ne serait pas forcément nécessaire de recourir à des expertises psychiatriques (des psychiatres peuvent aujourd'hui encore ignorer le processus de la manipulation mentale pratiquée par les sectes). Il semble qu'il soit possible d'apporter la preuve de la manipulation vécue dans une secte à partir de critères vérifiés dans des faits précis, parfaitement démontrables, d'autant plus probants qu'ils ne sont pas individuels ou isolés mais collectifs et répétitifs. Ces faits permettraient de prouver que les adeptes ont perdu, en ce qui concerne les pratiques perverses de la secte, leur esprit critique et leur libre arbitre et sont devenus des inconditionnels fanatisés, prêts à croire, dire et faire tout et n'importe quoi... » Comme porter un masque en cas de rhume lorsque l'on prépare le repas ? Comme changer l'eau de la machine à laver tous les matins ? Comme bannir l'utilisation des objets détériorés, des ustensiles usés, des verres ébréchés, des assiettes fêlées, des casseroles en aluminium, des poêles Téfal ou des bouteilles en plastique ? Les mille et un commandements du « docteur » Jouret et de sa clique peuvent faire sourire. Ils ont empoisonné l'existence de ma femme. Empoisonné, au sens propre. Vous en trouverez la liste exhaustive en annexe de ce livre. Il n'y a plus rien à cacher.

Si donc nos élus ne jugent pas souhaitable d'édicter de nouvelles dispositions applicables aux sectes, que les policiers et les magistrats commencent au moins par appliquer celles, plus générales, contenues dans notre code pénal. Mais alors qu'ils le fassent ! Je n'en citerai qu'une, la plus récente d'ailleurs. Quitte à être précis, il s'agit de l'article 313-4 aux termes duquel « l'abus frauduleux de l'état d'ignorance ou de la situation de faiblesse, soit d'un mineur, soit d'une personne dont la particulière vulnérabilité due à son âge, à une maladie, à une déficience physique ou psychique ou à un état de grossesse, est apparente ou connue de son auteur, pour obliger ce mineur ou cette personne vulnérable à un acte ou à une abstention qui lui sont gravement préjudiciables, est puni de trois ans d'emprisonnement et de 2 500 000 francs d'amende ».

Cet arsenal est directement utilisable : il existe, il n'y a qu'à s'en servir. Que l'on ne nous prenne pas plus longtemps pour des imbéciles... En contrôlant l'activité des sectes, en enquêtant sur les méthodes qu'elles utilisent, en fouillant dans leurs comptes, on finira bien par démasquer quelques-uns de ces prophètes de malheur. Pour Alain, Pierre et moi, il est déjà trop tard. Mais pour les familles des disciples de la Scientologie ou de cet allumé de Gilbert Bourdin, le gourou du Mandarom, il reste encore un tout petit espoir.

Le sport m'a apporté des joies immenses, des sensations uniques. Grâce à lui, grâce au ski, j'ai connu les frissons de la gloire. À Squaw Valley, j'ai vu flotter le drapeau tricolore. Plus que tout, le sport m'a appris l'amitié, l'esprit d'équipe, la fraternité. Ces valeurs-là, croyez-moi, sont des denrées précieuses. Elles se méritent, se forgent, s'entretiennent. Tout au long de ma carrière d'entraîneur, en France comme en Italie, je n'ai eu de cesse de les transmettre aux jeunes dont j'avais la charge. J'en ai été parfois pénible. C'était chez moi une obsession. Lorsque, au début des années 70, le ski français a entamé son virage vers le professionnalisme, j'ai poussé un coup de gueule comme je n'en avais jamais poussé auparavant. « Halte-là, le ski fait fausse route ! » avais-je tonné dans les médias. J'ai viré tout le monde. Et pourquoi au juste ? Parce que je redoutais que l'on ne transforme nos skieurs en machines à gagner des médailles. Et surtout du pognon. Parce que je voulais qu'ils conservent leur fraîcheur, leur appétit, leur enthousiasme. Parce que je souhaitais aussi qu'ils se cultivent, qu'ils s'arment pour l'avenir, qu'ils préparent leur reconversion en hommes mûrs et solides. Dans une interview que j'ai conservée dans un tiroir, j'avais déclaré, à l'époque, que « l'esprit sportif était aussi rare que l'esprit scientifique ou l'esprit philosophique ». C'était peut-être un peu facile. Mais je n'ai pas changé d'avis.

Ce n'est pas par hasard si j'évoque ma propre expérience. Le monde du sport tel que je l'ai vu, tel que je l'ai vécu, est aux antipodes de celui des sectes. Dans le premier, seuls l'effort et l'exploit sont récompensés. Dans le second, il n'y a guère que l'allégeance et la soumission qui puissent provoquer la considération. Chez les uns, vous êtes nu, totalement livré à vous-même et confronté à l'épreuve. Chez les autres, on vous drape de mille tenues censées vous sublimer, vous offrir une seconde nature... D'un côté règne la vérité – celle du résultat, notamment. De l'autre, l'artifice et les effets d'optique. Ces deux mondes-là n'ont strictement rien de commun. Et pourtant la passerelle est accessible. Édith et Patrick, pour notre malheur à tous, en ont fait la sombre expérience. La menace existe quand l'individu manque de bagages, de références morales, historiques. En un mot : de points d'ancrage. Voilà pourquoi je pestais avec tant de virulence contre les tenants du professionnalisme à tout crin. Voilà pourquoi aujourd'hui je suis convaincu qu'au-delà des mesures répressives dont j'ai crié l'urgence on ne fera barrage au développement des sectes qu'en militant pour une éducation digne de ce nom.

Au cours d'une de mes balades dans la campagne genevoise, j'ai croisé, un jour, un vieux paysan qui cultivait son champ. J'ai encore en mémoire son visage desséché par le soleil, ses traits fatigués. Je ne sais pas pourquoi au juste, mais j'ai tout de suite engagé la conversation. Il a posé ses outils. Nous avons parlé des heures. L'homme avait un fort accent, mais il s'exprimait de façon remarquable. Ses mots étaient pleins de poésie, pétris de bon sens. Plus il évoquait ses souvenirs, en vrac, dans le désordre, plus son regard s'éclairait. C'était un régal, une merveille. Je ne l'ai jamais oublié. Il deviendra pour moi une sorte d'exemple : l'accomplissement vivant d'un idéal vers lequel chaque individu devrait tendre, quelle que soit la classe sociale dont il est issu, quel que soit son métier, ou son niveau de vie. Ce vieil homme était un « cultivateur cultivé ». Il avait les pieds bien sur terre, il était solide comme un roc et, surtout, il semblait puiser, loin dans son passé, jusqu'aux veillées de son enfance, les raisons d'aimer la vie. Son père aussi avait dû être un gars formidable.

Ai-je bien été le papa qu'attendait Patrick? Inconsciemment, j'ai sans doute cru qu'il hériterait des bons aspects de mon caractère par simple mimétisme, en m'observant et en m'étudiant. J'ai sous-estimé l'ombre que je lui faisais, et surtout cette nécessité absolue du dialogue frontal entre un père et son fils. Patrick s'est probablement cherché de nombreux pères de substitution. Il a fini par tomber sur une ordure.

Jusqu'à ce mois d'octobre 1994, c'est vrai, je ne m'étais jamais passionné pour les sectes. Par indifférence, mais aussi par dégoût profond pour tout ce qui s'apparente, de près ou de loin, à des attitudes dogmatiques. Observez bien autour de vous, et vous verrez beaucoup de gens qui ont des petites sectes nichées dans un coin de leur tête. Le jour où j'ai commencé à décrocher des médailles, je me suis heurté à l'hostilité de nombreux Savoyards. J'avais suivi des études à Paris, je parlais plutôt bien, je m'intéressais à tout ou presque et, comble de l'hérésie, j'adorais jouer au football entre deux séances d'entraînement. Bref, j'étais un impur, un « intellectuel », une espèce d'imposteur, plutôt doué, mais qui n'avait pas sa place dans le circuit. À entendre mes détracteurs, seuls les vrais montagnards, ceux qui n'avaient jamais connu d'autre décor que leur vallée, étaient dignes de participer à des compétitions. Il fallait être né les planches aux pieds, avoir bûcheronné tout l'hiver dans les bois, pour savoir ce qu'était la vraie texture de la neige. Au pays de la descente, il n'y avait pas de place pour moi. Plus tard, je les ferai mentir.

J'ai de nouveau affronté cette intransigeance en voulant faire de Morzine et d'Avoriaz une seule et même station. À l'époque, chaque village était devenu une chapelle à protéger des assaillants. Alors que le ski devenait enfin un loisir de masse, alors qu'il était urgent d'accepter des regroupements pour réaliser des « économies d'échelle », tout le monde se chamaillait et neutralisait les projets du voisin. Les meilleures volontés étaient anesthésiées. Ce n'était plus des querelles de clocher, mais une véritable guerre de tranchées. Ce manque de souplesse et, pour tout dire, d'ouverture d'esprit me désespérait.

Que dire aussi de mon aversion pour les hommes qui s'érigent en personnages providentiels, en guides spirituels, en êtres tout-puissants ? J'ai respecté le général de Gaulle, mais étrangement je ne l'aimais pas. Je le trouvais trop intransigeant, trop dur avec le simple citoyen. Je me suis toujours méfié non pas des symboles, mais de l'utilisation qu'on en fait et du sens qu'on leur donne. Avec ma société, essentiellement assise sur mon nom et ce qu'il représente, j'ai toujours pris garde à ne pas laisser se développer ce qui pourrait s'apparenter à un culte de la personnalité.

Cela ne date pas d'hier. Avant même ma victoire

aux Jeux olympiques de Squaw Valley, on avait fait de moi le grand inventeur de la position de l'œuf. L'étiquette me collait à la peau. Elle me démangeait. Grâce à moi, grâce à mon coup de « génie », le ski français allait enfin sortir des abîmes dans lesquels il avait plongé. C'était ridicule. En réalité, je n'avais fait qu'étudier, depuis de nombreuses années, une technique de recherche de vitesse maximale qui permettait à la fois de glisser sur la neige et de maintenir l'allure pendant les sauts. Pour obtenir ce résultat, le corps devait épouser une forme ovoïde. D'où le nom de cette trouvaille. Lorsque, avec Georges Joubert, nous avons décidé d'écrire un livre pour décrire cette position, nous l'avons sobrement intitulé *Ski 1957*. C'était une manière de signifier qu'en 1957 cette technique était probablement la meilleure. Mais que, dix ans plus tard, elle se révélerait peut-être totalement obsolète. Beaucoup de mes supporters n'ont pas apprécié cet excès de modestie. Certains me l'ont fait savoir. Mais c'était comme ça. Je n'ai jamais considéré que j'étais le détenteur d'une vérité absolue.

À ce propos, il n'est pas interdit de dire un mot des hommes politiques. Que peut bien vouloir dire l'expression « ligne d'un parti », sinon cette incitation faite aux militants de répéter comme une leçon de choses les thèses de leur leader ? À plusieurs reprises, j'ai bien failli entrer en politique, comme on dit. En 1973, j'ai été élu au conseil municipal de Morzine. Dans la foulée, des amis parisiens m'ont sollicité pour me présenter à la députation. Du centre, de la gauche, de la droite, tous me promettaient une carrière fulgurante. Qui sait si aujourd'hui je n'aurais pas été sénateur, ou même, pourquoi pas, ministre de la Jeunesse et des Sports ? Et puis quoi... J'avais connu la gloire sportive : je n'allais pas me laisser griser par les honneurs. Les apparats du pouvoir m'agaçaient. Pour briller en société, ce n'est pas compliqué : il suffit de laisser parler deux imbéciles, et d'attendre le bon moment pour leur couper la parole. C'est à la politique ce que la position de l'œuf est au ski. J'aurais fini par m'en lasser.

Plus j'avance dans ma réflexion, plus je me dis que la nature a fait de moi le contraire à la fois d'un adepte et d'un gourou. Édith et Patrick, eux, sont devenus les disciples serviles de deux gangsters sans scrupules. J'ai beau chercher mille raisons, mille clés, je n'arrive pas à m'y résoudre. Par moments, un sentiment coupable me martyrise. Toute ma vie j'ai pesté contre les dirigeants de cette planète. Il n'y a pas eu un dîner en famille sans que je ne me lance dans de cinglants monologues. Je m'en prenais, tour à tour, aux *golden boys*, aux bétonneurs, aux élus... Je stigmatisais toutes les marques de démagogie. Je m'inquiétais du déséquilibre Nord-Sud. Parfois, je finissais, debout : « Mais, bon Dieu ! Que sera le monde le jour où cent cinquante millions de Chinois se retrouveront sans boulot ! » Édith écoutait. Elle paraissait même enregistrer. Je crains aujourd'hui d'avoir contribué à son désarroi. D'avoir donné du crédit aux prophéties apocalyptiques de Jouret et de sa bande. Je n'en savais rien à l'époque. Ma femme collaborait à la fondation Cousteau. Elle s'inquiétait du sort de la planète. C'était tout.

Je suis ce qu'on appelle un agnostique. Ma seule religion est celle de la tolérance et de la liberté. Aujourd'hui, pourtant, je mesure le prix d'une trop grande tolérance... Je suis agnostique mais, en même temps, je me sens l'héritier des principes moraux façonnés par le judéo-christianisme. Pour suivre ces principes, néanmoins, je n'ai jamais jugé utile de passer par des rites ou je ne sais quelle cérémonie initiatique. Enfant, Édith était une catholique pratiquante, mais très vite elle s'est détachée de son Église. Lorsqu'il nous arrivait d'en parler, elle me rappelait ses années passées chez les bonnes sœurs. Rien que des mauvais souvenirs. « Il n'y avait qu'une chose qui comptait, me disait-elle, c'était d'appliquer les règles au pied de la lettre. La foi semblait n'avoir aucune importance. »

Le jour de son inhumation et de celle de Patrick, le curé de Morzine, au cours de son homélie, n'a pas hésité à se lancer dans une surprenante autocritique : « Et si notre Église avait failli à sa mission ? s'est-il écrié. Et si nous avions laissé la porte ouverte à toutes les sectes ? » J'ai médité ses paroles. Je ne suis pas loin de penser comme lui. Cela peut paraître contradictoire, mais, le jour où le Vatican a décidé d'en finir avec la messe en latin, j'étais scandalisé. Les hommes – c'est une évidence – ont besoin d'une dose de sacré dans la vie. Aujourd'hui, pour les catholiques, il n'y a ni latin, ni encens, ni grandes orgues. Ce n'est pas avec une guitare sèche et une chorale paroissiale que vous favoriserez leur recueillement.

En ce qui me concerne, le spectacle de la nature a toujours suffi à me transporter. Devant mon chalet, sur un bateau, je n'ai eu qu'à lever les yeux au ciel, à admirer un coucher de soleil, un croissant de lune, une étoile, pour savoir où était mon temple. J'ai eu cette chance. Tous ne l'ont pas.

Le monde est un peu fou, c'est vrai. Je l'ai souvent répété à ma femme et à mes trois garçons. Mais le monde est beau. Et ça aussi, je le leur ai dit. À ski, en mer, à cheval, à moto, je leur ai fait découvrir des endroits uniques. Mon univers n'avait rien de virtuel. Avant de faire fausse route et de se perdre dans la forêt, Édith et Patrick ont connu, je le sais, de rares moments de bonheur. Ces moments-là, les salauds qui ont déchiré leur vie – ma vie – ne me les voleront pas.

Quand j'avance, je n'ai pas pour habitude de regarder si, au passage, je me suis écorché les pieds. Je vais prendre encore des coups. Cela n'est pas grave. Plus rien n'est grave pour moi. J'ai décidé que je les mettrai à genoux et je le ferai. Auparavant, j'aimerais lancer trois appels.

Le premier s'adresse aux patrons des chaînes de télévision. Je veux leur dire droit dans les yeux qu'il est criminel de programmer à 20 h 30 des émissions sur l'ésotérisme et les phénomènes paranormaux. Qu'ils ne se méprennent pas : en nous donnant la parole, la télévision a relayé notre douleur et nous a aidés à la surmonter. Mais la quête de l'audimat n'autorise plus qu'ils mènent un double jeu. La vie de nombreux enfants en dépend.

Le deuxième avertissement, je le lance à l'attention des magistrats. Dans le rapport de la commission d'enquête, les députés ont suggéré que le ministre de la Justice envoie d'urgence une circulaire à tous les procureurs pour les sensibiliser à la question. Sachez, messieurs les juges, que nous serons vigilants. Sachez qu'en classant certaines affaires vous commettez peut-être un délit de non-assistance à personne en danger. Combien de temps encore, par exemple, tolérerons-nous que les gourous des Témoins de Jéhovah interdisent à leurs disciples toute transfusion sanguine ? Combien de temps ?...

Pour finir, je voudrais me tourner vers tous les pères de famille qui me liront. Qu'ils sachent décrypter les tourments de leurs enfants et de leur épouse. Qu'ils ne considèrent pas que leur simple présence, leur seule valeur d'exemple suffiront à les blinder. Qu'ils leur parlent, les remuent, les affrontent, s'il le faut. Édith et Patrick sont partis. Une seule mauvaise rencontre – une seule ! – les a plongés dans la nuit.

Je n'ai pas su les protéger.

ANNEXES

ANNEXE 1

L'ORDRE DU TEMPLE SOLAIRE

C'est en 1983 que Luc Jouret fonde l'Ordre chevaleresque et initiatique de la tradition solaire, qui deviendra bientôt l'Ordre du Temple solaire (OTS).

Né le 18 octobre 1947, à Kikwit, au Congo, Luc Jouret a passé toute son enfance dans cette ancienne colonie belge. De retour à Bruxelles, il se consacre au sport. Il veut devenir professeur d'éducation physique. Une grave maladie des hanches, la coxarthrose, ruine pourtant tous ses espoirs. Selon ses proches, il restera cloué au lit pendant plus d'un an. C'est alors qu'il décide de suivre des études de médecine. Il obtiendra son diplôme en 1974 et ouvrira, dans la foulée, son premier cabinet de consultation. Très vite, cependant, il se démarque de la médecine traditionnelle. Il multiplie les voyages et s'initie à des techniques de soins exotiques. Aux Philippines, il mène des expériences avec des guérisseurs locaux. Il tente, par exemple, des opérations chirurgicales sans anesthésie. En Chine, il apprend l'acupuncture avant de découvrir l'homéopathie au Mexique. C'est à l'occasion de ce séjour prolongé en Amérique du Sud qu'il fera la connaissance d'un certain Julien Origas. Cette rencontre est décisive...

Julien Origas est, en effet, le fondateur de l'Ordre rénové du Temple (ORT), une organisation secrète qui se veut l'héritière du mouvement des templiers. Les templiers ? Ce sont des chevaliers du Moyen Âge, à la fois moines et soldats qui, après avoir protégé les pèlerins de la Terre sainte, s'étaient mis en tête de constituer un contre-pouvoir religieux. Le roi Philippe le Bel, scandalisé par cette dissidence, avait ordonné leur arrestation en 1307, puis les avait envoyés au bûcher sept ans plus tard.

L'Ordre rénové du Temple s'est donné comme mission de perpétuer leurs traditions occultes. Il est installé depuis plusieurs années à Auty, dans un luxueux château du Tarn-et-Garonne. Tout en continuant d'exercer ses activités d'homéopathe, Luc Jouret en devient un membre assidu. Il apprend patiemment les rites des hérétiques, observe les cérémonies iniatiques, et dévore des dizaines d'ouvrages. Jusqu'au jour où l'élève refuse de rester dans l'ombre de son maître. Il veut le destituer. Lui et ses proches. La tentative d'OPA aura lieu le jour même de l'enterrement d'Origas. Le gourou était atteint d'un cancer.

Le jour des adieux, Jouret débarque en pleine cérémonie, encadré de six compagnons. Les sept hommes se postent autour de la tombe ouverte, écartant sans ménagement la propre épouse du défunt. Jouret quitte le château d'Auty accompagné d'une poignée de dissidents. Il fondera sa propre secte, celle-là même qui s'autodétruira dix ans plus tard...

C'est depuis Annemasse, en Haute-Savoie, que Jouret va construire le Temple solaire. Entre deux consultations, il édicte les règles que devront suivre ses futurs adeptes. Pour les recruter, il multiplie les conférences. Enchaîne les séminaires. Rode son discours. L'aiguise en permanence. À ses auditeurs, il fait miroiter « l'intelligence intuitive à travers la redécouverte des valeurs humaines et l'application d'une science de vie concrète ». Il est jeune. Beau parleur. Il séduit par ses connaissances scientifiques et sa maîtrise des sagesses traditionnelles. Puis il crée deux clubs de rencontre – Archédia et Amenta – qui joueront à la fois le rôle de structure de recrutement et de vitrine légale de l'organisation secrète. On vient l'écouter à Genève, à Lausanne, dans le sud de la France, et même au Canada où il a installé une antenne. Sa méthode est la bonne.

Progressivement, ses interventions prennent des allures prophétiques. Elles tournent autour de l'annonce d'une transmutation totale de l'humanité correspondant à l'entrée dans l'ère du Verseau. « On est dans le règne du feu, lance-t-il. Nous faisons un saut dans la macro-évolution. Notre cerveau va subir des modifications physiques, subtiles et vibratoires, qui font que l'homme va réagir de manière différente aux événements. » À cette littérature *new age* assez classique, il ajoute sa philosophie du Temple, « archétype céleste qui rassemble des hommes et des femmes capables de se mobiliser et de servir ». Enfin se grefferont ses fantasmes d'apocalypse et de fin du monde... Un public nombreux le suit, qui ne le quittera plus, majoritairement féminin, socialement aisé, composé de techniciens, de médecins, de chefs d'entreprise, d'artistes...

Mais l'Ordre du Temple solaire n'aurait pas connu son développement si Jouret n'avait pas croisé celui qui deviendra son allié et, plus tard, son patron : Jo Di Mambro, un ancien joaillier de la région d'Annemasse qui prétend détenir des talents de guérisseur. Lui aussi a, peu à peu, versé dans l'irrationnel. Il semble qu'il ait adhéré au mouvement Rose-Croix, puis fondé un Ordre des Pyramides inspiré de l'ésotérisme pharaonique. En réalité, on ne sait que peu de choses sur lui. Si ce n'est qu'il était autoritaire – certains l'appelaient le « dictateur » ou le « petit Napoléon » –, qu'il était coléreux. Et, surtout, totalement obsédé par l'argent. C'est d'ailleurs lui qui s'occupera de toutes les questions financières au sein du Temple : les relances de cotisations, les incitations à verser des dons, les investissements immobiliers.

Jo Di Mambro finira par prendre un total ascendant sur Jouret, y compris dans ses fonctions de gourou. Par mille trouvailles, il maintiendra, à lui seul, un climat d'hallucination collective. Tour à tour, il invente les « passeports pour l'éternité » et ces « maisons de survie » destinées à échapper à l'apocalypse. Il est surtout l'auteur de ce « jeu » qui consiste à découvrir l'identité du personnage antique enfoui au fond de chaque être. Cette pratique est à l'origine de toutes les manipulations physiques et mentales dont seront victimes les adeptes du Temple solaire, et auxquelles Jouret contribuera jour après jour.

À son apogée, la secte aurait compté jusqu'à un millier d'adhérents. En France (particulièrement en Savoie, en Bretagne et en Martinique), mais aussi en Suisse, en Espagne, au Canada et en Australie. Le trésor de guerre de l'OTS était conséquent, même si dans les semaines qui ont suivi le premier massacre la presse en a exagéré l'importance. Jouret et Di Mambro étaient propriétaires de nombreuses voitures, parmi lesquelles des Porsche, des Mercedes et des Ferrari. Avec le filon des maisons de survie, ils ont acquis de multiples résidences : chalets, fermes, villas. Au Canada, notamment, l'OTS disposait, au cœur des Laurentides, d'une maison d'accueil équipée d'une piscine intérieure et d'un sauna

Parmi les multiples arguments avancés pour expliquer le premier massacre – le suicide des membres de l'élite et l'assassinat préalable de leurs proches, dont plusieurs enfants –, il en est un qui mérite l'attention. Au cours du printemps 1994, la gendarmerie royale canadienne avait enquêté sur les activités de la filière québécoise. Elle soupçonnait un trafic d'armes légères à destination du tiers-monde. Elle avait placé de nombreuses lignes téléphoniques sur écoute. Les autorités australiennes, de leur côté, avaient demandé des informations sur le couple Di Mambro, suspecté, cette fois, d'être lié à une affaire de blanchiment d'argent.

Les responsables du Temple solaire ont-ils paniqué devant ces premières investigations ? Dans une de leurs lettres d'adieux, Jouret et Di Mambro avaient écrit ceci : « Nous accusons directement, et avec force, les responsables de la justice, de la police, des mass media et des gouvernements qui nous ont poussés à quitter prématurément cette terre. » En outre, il est aujourd'hui établi que plusieurs adeptes, dont Thierry Huguenin, avaient fait pression pour récupérer une partie de leurs biens.

Si une perspective, une seule, pouvait inquiéter ce tandem diabolique, c'était bien celle de la prison.

Le drame du Vercors, quatorze mois plus tard, n'est malheureusement pas en contradiction avec cette hypothèse. En se donnant la mort, Jouret et Di Mambro avaient donné le signal de départ. Aux yeux de nombreux adeptes, leur décision de quitter cette terre sonnait bien comme une confirmation : la mort était cette libération dont ils avaient tant parlé. Toujours dans leur testament, les deux gourous avaient conclu par cette menace : « Des plans où nous œuvrons désormais et par une juste loi d'aimantation, nous serons à même de rappeler les derniers serviteurs. »

Ce verbiage ésotérique inquiète les policiers. Ils craignent un nouveau « transit ». Spontané... ou sur ordre.

ANNEXE 2

LE TESTAMENT

Envoyé par Patrick Vuarnet sur ordre de Jo Di Mambro à la presse, après le premier « transit vers Sirius »

À TOUS CEUX QUI PEUVENT ENCORE ENTENDRE LA VOIX DE LA SAGESSE... NOUS ADRESSONS CET ULTIME MESSAGE

Le chaos actuel conduit inéluctablement l'homme face à l'échec de sa Destinée.

Au cours du temps, les cycles se sont succédé selon des rythmes et des lois précises. Différentes civilisations disparurent au cours de cataclysmes destructeurs, mais régénérateurs, toutefois aucune n'atteignit une décadence telle que la nôtre.

Soumise aux effets dévastateurs d'un égocentrisme, personnel et collectif, marque d'une ignorance absolue des Lois de l'Esprit et de la Vie, elle n'échappera plus désormais à une autodestruction précipitée.

Depuis des temps immémoriaux, philosophes, prophètes, avatars se sont succédé pour aider l'homme à prendre sa place de créateur. Son refus de Voir et d'Entendre a chaque fois fait dévier les Plans prévus par l'Évolution Cosmique.

Nous, Serviteurs de la Rose-Croix, détenteurs d'une authentique et ancestrale Sagesse, affirmons avoir œuvré de tout temps pour l'Évolution de la Conscience. Philosophies, sciences, sites sacrés et temples en demeurent les témoignages vivants.

Le plan d'action de ces Êtres fut capté et programmé au sein de cryptes ou de sanctuaires, selon des paramètres précis, occultés au monde profane mais reconnus des initiés.

Nous, Serviteurs de la Rose-Croix, déclarons que, de toute éternité, le Temple Solaire et Universel se manifesta au milieu des hommes selon des cycles d'activité et de sommeil. Après avoir solennellement entrouvert ses Portes le 21 mars 1981, à Genève, dans une Maison Secrète, ancien domaine de l'Ordre de Malte, sa dernière action exotérique dura onze ans.

Durant ce cycle, le Graal, Excalibur, le Chancelier à Sept Branches et l'Arche d'Alliance se sont révélés aux témoins vivants, derniers et fidèles Serviteurs de l'Éternelle Rose-Croix. À la suite de quoi, des calomnies mensongères et des trahisons de toutes sortes, un scandale judicieusement orchestré par différents pouvoirs en place, ont sonné le glas d'une ultime tentative de régénération des Plans de la Conscience.

Ceux qui ont enfreint notre Code d'Honneur sont considérés comme des traîtres. Ils ont subi et subiront le châtiment qu'ils méritent dans les siècles des siècles.

Tout est accompli selon les données d'une Justice Immanente. Nous affirmons, ici, que nous sommes en vérité des justiciers mandatés par un Ordre Supérieur.

Devant la situation actuelle irréversible, Nous, Serviteurs de la Rose-Croix, réaffirmons avec force ne pas être de ce monde et connaître parfaitement les coordonnées de nos Origines et de notre Devenir.

Nous proclamons, sans vouloir créer de vaines polémiques, que :

– la Grande Loge Blanche de Sirius a décrété le

Rappel des derniers Porteurs authentiques d'une Ancestrale Sagesse ;

– Justice et Sentence seront appliquées selon les paramètres d'un Ordre Supérieur Universel avec la rigueur imposée par la Loi ;

– les Sept Entités de la Grande Pyramide de Gizeh ont quitté la Chambre Secrète dans la nuit du 31 mars 1993, emportant avec elles le capital Énergie-Conscience des sept planètes fondamentales de notre système solaire ;

– les derniers Frères Aînés de la Rose-Croix ont planifié leur transit selon des critères connus d'eux seuls. Après avoir transmis à leurs Serviteurs les moyens d'achever l'Œuvre, ils ont donc quitté ce monde, le 6 janvier 1994 à 0 h 4 à Sydney, pour un nouveau cycle de Création.

Nous, Serviteurs de la Rose-Croix, devant l'urgence de la situation présente, affirmons :

– que nous refusons de participer aux systèmes mis en place par cette humanité décadente ;

– que nous avons planifié, en plein état de conscience et sans fanatisme aucun, notre transit qui n'est en rien un suicide au sens humain du terme ;

– que, selon un décret émanant de la Grande Loge Blanche de Sirius, nous avons fermé et fait éclater volontairement tous les sanctuaires des Maisons Secrètes afin qu'ils ne soient pas profanés par des imposteurs et des ignorants ;

– que, des Plans où nous œuvrerons désormais et par une juste loi d'aimantation, nous serons à même de rappeler les derniers Serviteurs capables d'entendre cet ultime message.

Toute calomnie, mensonge ou médisance quant à notre geste ne fera que traduire, une fois de plus, le refus de comprendre et de pénétrer le Mystère de la Vie et de la Mort.

L'espace est courbe, le temps s'achève. C'est avec un

Amour insondable, une joie ineffable et sans aucun regret que nous quittons ce monde.

Hommes, ne pleurez pas sur notre sort, mais pleurez plutôt sur le vôtre. Le nôtre est plus enviable que le vôtre.

À vous qui êtes réceptifs à cet ultime message, que notre Amour et notre Paix vous accompagnent dans les terribles épreuves de l'Apocalypse qui vous attendent. Sachez que, de là où nous serons, nous tendrons toujours les bras vers ceux et celles qui seront dignes de nous rejoindre.

ANNEXE 3
LES PRÉCEPTES DE L'OTS

Liste retrouvée au domicile d'Édith Vuarnet

NOURRITURE

– Faire la cuisine avec *joie et amour.*
– Essayer de ne pas servir plus de trois choses différentes à chaque repas (si le jardin peut attendre).
– Jeter un coup d'œil dans les frigidaires avant de commencer le repas. Les restes de légumes et de céréales peuvent être éventuellement resservis au repas suivant ou donnés aux chiens, mais les restes de crudités doivent être mis au compost.
– Toucher la nourriture le moins possible avec les mains.
– Prendre les salades et les légumes du jardin à la dernière minute, afin qu'ils soient encore pleins de vie.
– Tous les légumes et les fruits doivent être lavés avant d'entrer dans la cuisine. Cependant, il faut encore les rincer avant d'être épluchés et coupés.
– Employer des aliments vivants et non des

conserves ou des poudres, sauf lorsqu'il y a peu de légumes (l'hiver).

– Enlever la côte centrale des feuilles de salade, car elle est l'organe d'élimination, sauf en début de printemps et jusqu'au 21 juin, période pendant laquelle la sève monte.

– Mettre cinq gouttes d'eau de Javel dans la première eau de lavage des salades et des légumes. Les laisser tremper quatre à cinq minutes et les rincer ensuite de trois à sept fois jusqu'à ce que l'eau soit parfaitement pure.

– Couper les oignons très fins dans le sens de la spirale.

– Les tomates en salade doivent être coupées et salées, puis placées dans une passoire pendant environ une heure avant d'être servies afin qu'elles puissent dégorger. Les graines des tomates doivent être enlevées lorsqu'elles sont mises à cuire.

Les concombres doivent également dégorger. Il faut commencer par couper les bouts et frotter les deux parties séparées jusqu'à ce qu'il ne sorte plus de mousse.

– Éviter le poivre, la moutarde, le vinaigre et les produits laitiers dans les sauces à salade.

– Laver et sécher les céréales avant de les moudre, soit au soleil entre deux serviettes, soit dans la machine à sécher.

– Compter pour les céréales environ 50 g par personne, pour les pâtes et les spaghettis 100 g et pour les légumes une bonne poignée.

– Ajouter une petite cuillère de bicarbonate de soude pour le trempage du soja, des pois chiches, des lentilles ou des haricots afin d'assurer la transformation des purines.

– Tous les mets doivent mijoter à feu très doux et longtemps afin d'accomplir une véritable alchimie et de ne pas tuer la vie par des chaleurs trop fortes qui détruisent le principe vital. Rappelez-vous toujours que la nourriture vivante nourrit l'aura.

– Mettre quelques graines de fenouil dans l'eau pour cuire les pommes de terre avec la peau. Faire blanchir deux minutes les haricots verts et les choux-fleurs, puis changer l'eau avant de les apprêter afin d'éliminer les toxines.

– Ne pas utiliser de sucre ou tout au moins très peu. Préférer les fruits secs, le miel ou le sirop d'érable.

– Éviter, dans la mesure du possible, de faire les mélanges suivants :

- deux protéines différentes au même repas (ex. viande et produit laitier)
- laitage et fruit dans un même plat (sauf pour la budwig)
- laitage et légume vert dans un même plat
- laitage et céréale dans un même plat.
- budwig : associer le yaourt aux pommes et le fromage blanc avec les bananes.

– Il faut absolument éviter de donner aux femmes qui allaitent du persil, des oignons, de l'ail, des citrons, des asperges, des poireaux : des légumes qui ont trop de goût ou des plats trop épicés.

– Accorder le plus grand soin à la présentation des plats.

– Lors du service, éviter absolument de tousser ou de postillonner dans les plats en parlant ou de toucher l'assiette de chacun avec la cuillère de service ou avec les doigts.

– Faire attention de servir le pain le plus ancien et de ne pas couper trop de tranches. S'il est sec, le passer quelques minutes au four.

HYGIÈNE

– *Parler peu* dans la cuisine, garder l'harmonie et n'accepter que *les pensées positives*

– **Pas de sacs à main ni de vêtements extérieurs dans la cuisine.**

– Mettre un tablier en entrant dans la cuisine et se laver les mains à chaque fois que l'on touche autre chose que la vaisselle ou la nourriture (y compris ses cheveux ou son visage). Ne pas oublier de porter un masque en cas de rhume.

– Changer l'eau de la machine à laver tous les matins. Balayer après chaque repas. Laver par terre tous les soirs dans les moindres recoins.

– Tous les produits doivent être lavés avant d'être rangés dans le frigidaire, les papiers d'emballage changés et les récipients couverts.

– Laver les boîtes avant de les ouvrir.

– Ne jamais conserver des aliments dans des boîtes en fer-blanc, mais les transvaser dans des coupes ou des saladiers.

– Laver l'ouvre-boîte après usage.

– Couvrir *tous les plats* dans la cuisine et le plus possible avec des couvercles. Rien ne doit rester à l'air et aux mouches ! Couvrir aussi les couverts, les assiettes et les verres.

– Utiliser les éviers à légumes uniquement pour laver les légumes.

– Essayer de faire la vaisselle au fur et à mesure de la préparation du repas et, si cela n'est pas possible, mettre les plats à tremper dans l'évier à vaisselle.

– Rincer au robinet tout ce qui est encore mousseux au sortir de la machine à laver, le sécher et ne rien laisser sécher à l'air et aux microbes.

– Ranger séparément les linges pour les mains et les linges à vaisselle et les changer souvent.

– Frigidaires, fours, meubles et tiroirs doivent être nettoyés au moins une fois par semaine et chaque fois qu'ils sont sales.

– Graisser les plaques du four ainsi que les plaques à tarte et les casseroles en fonte noire après les avoir lavées.

– Vider les bacs de compost après chaque repas.

– Ranger toute la vaisselle après le repas.

– Les tables de la salle à manger doivent être essuyées après et avant chaque repas.

– Ne pas utiliser :
• les objets détériorés
• les ustensiles usés
• les verres ébréchés
• les assiettes fêlées
• les casseroles en aluminium
• les poêles Téfal
• les bouteilles en plastique.

– Emplir les bouteilles d'huile ou les salières dès qu'elles sont vides. Remplacer immédiatement les ingrédients que l'on termine afin que la personne suivante ne soit pas à court.

– Nettoyer immédiatement après chaque usage les appareils ménagers ou les plats contenant des ingrédients comme la farine, l'huile, etc.

– Lorsque les enfants aident à la préparation d'un repas, le responsable du repas doit effectuer la dernière eau de rinçage.

ANNEXE 4

TÉMOIGNAGES

J'ai tenu à vous livrer les textes qui suivent car ils représentent bien la diversité et la qualité rare des témoignages que nous avons reçus.

Parmi les plus touchants, celui de Laurent Struna, l'un des amis d'enfance d'Alain, qui s'adresse directement à Édith :

Lettre à Édith,

Édith, où que tu sois, avec qui que tu sois, quoi que tu fasses, je voudrais, peut-être de manière maladroite, t'exprimer ma très sincère affection.

Tu restes pour moi un petit peu ma deuxième maman, tu m'as toujours accueilli chez toi le cœur et les bras ouverts. Nous avons parlé de choses sérieuses comme les relations humaines, l'hygiène de vie... tu étais sincère.

Mais nous avons aussi beaucoup ri et plaisanté et tout...

Aujourd'hui, fidèle à toi-même, tu es allée au bout de ta logique, une logique qui nous dépasse, nous bouleverse et nous laisse là démunis, impuissants et très malheureux. Mais je ne juge ni ne condamne tes actes, nous ne pouvons les uns et les autres qu'essayer de comprendre (pas facile pour nous les Capricornes !).

Dans cette quête d'une spiritualité, c'est vrai, absente de notre monde moderne, Patrick, cet adorable gamin blond, t'a accompagnée avec sa fougue, son débordement d'amour et son envie de crier.

Avec empressement, vous avez tous les deux voulu connaître la réponse à nos questions existentielles qui hantent l'esprit humain depuis toujours.

Et nous, ta famille, tes amis et tes proches, nous sommes là, nos valises pleines de questions, et vous rejoindrons un peu plus tard...

À bientôt,

LAURENT

Celui de Yonic Parlier à la fois merveilleusement écrit et si chaleureux et réconfortant. Yonic est un ami de l'époque pré et post-olympique. Nous nous voyons trop rarement.

Mon cher Jean-Jean,

Je voudrais te dire combien j'ai pensé, combien je pense à toi. Tu as toujours été très présent dans mon cœur, dès le jour où nous avons fait connaissance. Je m'en souviens clairement. Tu étais avec René Collet et, avec Liliane, nous sommes allés chez mes parents, nous avons écouté de la musique, joyeusement fraternisé, parlé de sport, de littérature, de dépassement de soi-même, au milieu de grands rires. Nous étions fous de vie et de conquête. Malgré les apparences et, comme toi, la barbe blanche, je n'ai pas changé. J'espère que toi non plus. Édith aussi a toujours été quelqu'un d'unique, de très spécial pour moi. J'ai suivi votre vie (de trop loin à mon gré), votre couple formidable, vos triomphes, vos difficultés et maintenant cette tragédie.

Une chose m'a fait plaisir : dans l'interview que tu as donnée (j'ai admiré la façon dont vous avez réagi), Alain et toi affirmez que vous avez la volonté de faire face, que vous refusez de vous laisser détruire. J'espère tellement que c'était plus que des paroles courageuses sur le moment. Tous ceux qui t'aiment vraiment (et il y en a !) brûlent de te voir rester toi-même, combatif, inspiré et inspirant, comme jamais. C'est aujourd'hui que commence ta course la plus difficile. Mais tu n'as pas que l'habitude de te casser la gueule, tu as celle de la victoire aussi, pour toi et pour les autres. Nous ne sommes pas encore des vieillards, et nous avons la meilleure partie de la vie devant nous : c'est George Sand qui l'a dit un jour à Flaubert, alors que ce dernier approchait de la soixantaine.

Pour ceux qui ont eu la chance de la connaître, Édith restera toujours un être lumineux, une étoile légère dans une nuit d'été. Qu'elle ait été complètement fourvoyée par des criminels ne changera rien au sillage délicat et joyeux qu'elle laisse dans notre mémoire. Tout dans votre destin et votre caractère aura donc été extraordinaire. C'est dur à porter quand on a tant en soi. Tes enfants, ceux qui le sont par le sang et la famille, et les autres, qui le sont par l'esprit, dont je suis, attendent encore tellement de ton intelligence, de ton intégrité, de ton punch, de ta force. C'est difficile de dire tout cela, mais tu n'es sûrement pas conscient à quel point tu représentes un soleil dans la vie. Nous ne t'aimons pas seulement pour ta personne (si séduisante soit-elle parfois), mais parce qu'à travers toi on voit la forme d'une chevalerie, d'une droiture, d'une clairvoyance, qui, si elle était perdue par le monde, lui ferait perdre aussi sa couleur et son sel. Et il faut que tes petits-enfants (peut-être il en viendra d'autres !) sachent à quel point ils ont un grand-père génial. Je devine qu'il y a des moments où tu es tenté de l'oublier toi-même complètement. Tout ce que je peux faire aujourd'hui (on se sent si impuissant !) c'est d'en témoigner de toutes mes forces. Tu m'as inspiré comme peu d'hommes. Quand ça ne va pas, tu me donnes du courage. Tu me fais honte si je me laisse aller, et penser à toi me communique une joie fraternelle et pure pour laquelle je ne sais pas comment te remercier.

J'espère te voir bientôt. Je te donnerai des nouvelles de Lionel et de moi. Nous venons de passer une soirée ensemble. Nous avons pleuré et n'avons parlé que de vous. En gros, nous allons bien. J'essaierai de te contacter et de venir t'embrasser. Ce que j'aurais dû faire depuis longtemps. Oui, je pense à toi très, très fort.

Fidèlement.

YONIC

Et ce poème écrit par un petit-fils de l'un de mes meilleurs amis, Raymond Lanctôt, dont la femme Maryse et les filles Diane, Dominique, Martine Sophie et Mireille, qui les a quittés il y a déjà quelques années, ont été les amies d'Édith. Hadrien, le fils de Diane, a dix ans!

Message à Jean, Alain et Pierre Vuarnet
En hommage à toutes les personnes qui pleurent le départ d'Édith et de Patrick.

Jean
Père de famille
Cœur d'or
Un grand ami
Qui vit tant de tristesse

Nous voilà maintenant dépouillés
De deux brillantes étoiles
Qui s'éteignent dans le noir silence

Leur présence nous manquera aujourd'hui et toujours
Une absence se crée maintenant
Et nous nous retrouvons dans une solitude nouvelle

Il restera gravé dans le cœur de chacun
Un merveilleux souvenir
Celui de nos amis Patrick et Édith
Que tout le monde ici aime tant

Alain, Pierre et Jean
Nous resterons toujours près de vous
Malgré la douleur de ces départs
Qui nous blessent nous aussi

La vie qu'elle a menée avec Jean était celle qu'elle aimait : l'Espagne, la mer, Morzine, le ski...

Je me souviens d'elle comme d'une mère attentive, toujours prête à rire avec ses fils.

La voie que tu as choisie un jour, personne n'a le droit de la juger, mais sache une chose, Édith : c'est ton sourire et ton regard lumineux qui resteront toujours gravés dans nos mémoires.

HADRIEN LANCTÔT-LEROY

Table des matières

Crédits photos

Collection personnelle : p. 2 (bas) ; p. 3 (haut et bas gauche) ; p. 4 (haut et bas gauche) ; p. 5 (bas) ; p. 6 ; p. 7.
Gamma : p. 1.
Gérard Géry / Paris-Match / Scoop : p. 3 (bas droite).
Keystone : p. 4 (haut droite).
Alain Morvan / Gamma : p. 8.
Daniel Lapied : p. 5 (milieu).
F. Pelizzetti : p. 2 (haut).
J.-L. Tortat : p. 5 (haut).

Cet ouvrage a été réalisé par la
SOCIÉTÉ NOUVELLE FIRMIN-DIDOT
Mesnil-sur-l'Estrée
pour le compte des Éditions Fixot
en mars 1996

Imprimé en France
Dépôt légal : mars 1996
N° d'édition : 36961 - N° d'impression : 34082